축복을 누리는 삶

축복을 누리는 삶

초판 1쇄 인쇄_ 2019년 11월 10일
초판 1쇄 발행_ 2019년 11월 14일

신고번호_ 제313-2010-376호
등록번호_ 105-91-58839

발행처_ 보민출판사
발행인_ 김국환
편집_ 정은희
지은이_ 장진옥
디자인_ 김민정

주소_ 인천시 서구 불로동 769-4번지 306호
전화_ 070-8615-7449
이메일_ www.bominbook.com

값은 뒤표지에 있습니다.
ISBN 979-11-89796-13-6   03230

이 도서의 국립중앙도서관 출판예정도서목록(CIP)은 서지정보유통지원시스템 홈페이지(http://seoji.nl.go.kr)와 국가자료공동목록시스템(http://www.nl.go.kr/kolisnet)에서 이용하실 수 있습니다.(CIP제어번호: CIP 2019040697)

- 파본은 구입하신 서점에서 교환해드립니다.

초신자와 영적 성장을 꿈꾸는 이에게
축복을 누리는 삶

장진옥 지음

감사의 글

평신도로 10년 넘게 사역하면서 하나님께 감사하지 않는 순간이 없었다. 나의 삶에도 많은 어려운 고비가 있었지만 그때마다 하나님이 늘 함께해주셔서 지금의 내가 되었다. 때를 따라 열매 맺게 하시고 하나님의 살아계심을 증거할 때마다 많은 사람들이 위로를 받았다. 믿지 않는 자들에겐 하나님이 계시고 가장 큰 축복인 영혼구원을 받아 이 땅에서 하나님이 주신 통치와 권세로 축복을 취하고 차지하며 사는 감사한 삶이 그들에게도 있다는 것을 알려주고 싶었다.

이 책은 사역하는 중 믿지 않는 자를 영접시키고 방언을 준 뒤 교제와 믿음의 전진이 끊기지 않고 앞으로 계속 발전해 나갈 수 있는 도움이 되는 것에 대한 나의 갈망을 성령님께서 인도해주시며 그들에게 편안하게 다가갈 수 있는 나의 삶을 통해 그들 또한 하나님을 알아가길 바라는 마음에서 탄생되었다. 나의 사역 중 도움이 될 만한 일부분을 이 책에 실었다. 그리고 모든 것이 개인적인 나에 해당되는 일일 뿐 이것이 모든 사람들에게 정확하게 해당되는 것은 아니다.

모두가 영적인 성장과 성숙을 꿈꾼다. 하지만 무엇보다 하나님이 알아서 해주실 거라는 수동적인 입장에서 벗어나 보다 앞으로 전진하고 나가는 나의 의지가 필요하다는 걸 알려주고 싶다. 사도 바울처럼 믿음의 푯대를 향해 내가 나가야 한다. 또한 내 믿음은 내 스스로가 세워야 한다. 선택은 내가 하는 것이다.

내가 예수를 믿으며 가장 기쁘고 잘한 것은 지금은 주님과 함께 계실 사랑하는 아부지를 위해 기도하고 전도하여 영혼구원 받게 한 것이다. 하나님과 함께 하고 계실 아부지를 나도 언젠가 천국에서 만난다. 우리 가족 모두가 만날 것이다. 그래서 믿는 자들은 죽음이 두렵지 않다.

'주 예수를 믿으라 그리하면 너와 네 집이 구원을 받으리라'
(행 16:31)

자신을 위해 기도하고 가족을 위해 기도하십시오.

자신이 아는 모든 사람들의 영혼구원을 위해 기도하십시오.

그리고 어제보다 오늘 더 나은 믿음으로 사십시오.

하나님께서 축복을 예비하셨고 우리는 믿음으로 그 축복을 취할 수 있습니다. 어떠한 상황이나 환경 속에서도 믿음의 전진을 포기하거나 멈추지 마시고 앞으로 위로 전진하시길 바랍니다. 하나님을 믿는 순간 이전과 완전히 다른 축복의 삶을 살게 될 것입니다. 하나님의 축복, 건강, 치유는 우리의 것입니다. 축복을 누리며 사는 삶으로 들어오시지 않겠습니까?

영적인 걸 깨닫게 해주신 정순옥 목사님, 새로운 피조물의 계시를 처음 알려주신 김기신 목사님과 영적 성장과 계시를 통해 하나님께 더 가까이 가도록 인도한 믿음의 말씀사와 예수선교사관학교 김진호 목사님, 최순애 목사님께 감사드립니다. 또한 예수 권세 사용 방법 길라잡이가 되어주신 한덕수 목사님, 평신도 사역에 대한 자유함과 장로교회임에도 마음껏 하고 싶은 대로 기도하라고 허락해주시고 영적 힘을 기를 수 있도록 격려해주신 류지헌 담임목사님께 감사드립니다.

그리고 나의 믿음의 동역자인 사랑하는 가족들에게 이 책을 바칩니다. 모든 것 위에 나의 주인 되시는 하나님 아버지께 감사와 영광과 찬양을 올려드립니다. 아멘.

- 야밤에 잠 안 자고 찬양 들으며

장진옥 올림

목 차

감사의 글 ____ 4

입문 ____ 13
새신자 ____ 20
유혹 ____ 25
위로 ____ 29
영접 ____ 36
성경 ____ 40
새벽기도 ____ 49
방언 Ⅰ ____ 62
방언 Ⅱ ____ 71
은사 ____ 80
은혜 ____ 93
전도 ____ 103
사역 ____ 128
성장 ____ 201
신유 ____ 219
공급 ____ 253
말 ____ 258
영혼육 ____ 266

마치는 글 ____ 270

blessed

초신자와 영적 성장을 꿈꾸는 이에게

축복을 누리는 삶

입문

'주 예수를 믿으라 그리하면 너와 네 집이 구원을 받으리라'
(행 16:31)

내게 교회란 곳은 어릴 적 옆집에서 방학 때면 나이 드신 여전도사님이 플라스틱 큰 빨간통에 가득담긴 주황색 쥬스를 컵에 국자로 퍼주시며 동네 아이들에게 교회 나오라고 말씀하셨던 기억이 먼저 난다. 그때가 아마도 7살쯤 나이였을 것이다. 내가 살았던 어릴 적 시대엔 군것질이란 엄마가 해주시는 떡이나 찐빵이지 지금처럼 슈퍼에서 날마다 가서 과자를 사먹던 시절은 아니었다. 쥬스에 이끌리어 동생들을 데리고 교회 문 앞에 가서 쥬스 준다고 맛있다고 먹으러 가자던 생각이 아직도 생생하다. 그러면서도 쥬스 주시는 날이 많았으면 하고 속으로 바라며 줄을 서서 먹던 기억은 지금도 아주 소중하다.

친구의 손에 이끌리든지, 개인의 힘든 문제로 누군가 의지하고픈 마음에 스스로 교회에 발을 들여놓든지. 아파서라든지 아님 누군가에게 전도대상이 되어 한 번만 가보고 말자는 생각이든지. 간절함이라든지. 복을 받기 위해서 등등 교회에 발을 들여놓게 되는 계기는 누구에게나 있다.

'심령이 가난한 자는 복이 있나니 천국이 그들의 것임이요'
(마 5:3)

처음으로 교회에 다니는 집의 분위기는 뭔가 다르다고 느낀 것은 아마도 내가 초등학교 2학년쯤 되었을 때 동네 친구의 집을 방문하였을 때였다. 나는 엄마 손잡고 가끔 절에 가서 불상도 보고 큰 부처 동상 앞에서 엄마가 두 손을 모아 비비며 기도하는 모습을 보고 자랐다. 말 그대로 여스님들에게 이쁨도 받고 절밥도 잘 먹었다. 할머니도 항상 절에 관련된 말씀을 하셨고 때로 누가 아프고 일이 잘 안 풀리면 큰집에서 굿을 하는 걸 보고 자랐기 때문에 그것이 전혀 이상하게 생각되지 않았었다.

그런데 어느 날 친구가 자기 집에 같이 가자는 말에 놀러가니 집 분위기가 뭔지 모르지만 사뭇 다름을 알 수 있었다. 집에 들어가자 교회 문구가 보였다. 나는 내가 엄마랑 다니는 절과 다르다는 생각에 어느 정도 반발심도 있어 친구에게 "우리 집은 절 다녀."라고 말했던 기억이 난다. 친구 집에 있는 성경책과 교회 문구가 좋게만은 보이지 않았지만 왠지 모르게 집안에서 느껴지는 평안한 밝은 분위기가 싫지 않아 친구 집에 자주 놀러갔던 기억이 있다. 친구의 아버님은 중학교에서 교편을 잡고 계신 선생님이셨고, 나 또한 중학교 때 친구의 아버님께 가르침을 받았다. 친구의 어머님은 놀러갈 때마다 따뜻하게 맞이해주셨고, 시어머니를 모시고 사시면서도 늘 밝으셨다.

앞서 말했듯이 교회에 발을 들여놓을 때는 누구에게나 이유가 다 있다. 초등학교 6학년 때부터 큰언니는 나를 전도 대상으로 여겨 결혼하고 친정으로 놀러올 때마다 또는 내가 언니네 집에 놀러가는 방학 때마다 나에게 하나님에 대한 이야기를 자주 들려주며 "간절한 기도 제목을 말하고 예수님의 이름으로 기도합니다 아멘을 꼭 붙여야 돼."라고 알려주기까지 했었다.

'너희는 이렇게 기도하라 하늘에 계신 우리 아버지여 이름이 거룩히 여김을 받으시오며 나라가 임하시오며 뜻이 하늘에서 이루어진 것 같이 땅에서도 이루어지이다' (마 6:9~10)

그리고 뒤늦게 고등학교 3학년 때 대학 문제로 기도라는 걸 정말 했다. 처음엔 낯설고 어색하고 이상한데다 몰래 하려니 공부하는 연습장에 기도 제목을 적고 예수님의 이름으로 기도합니다 아멘을 적었다. 그리고 20대 초반에 머리털 나고 처음으로 간절히 원하는 소망이 있어 하나님께 이루어달라고 내 스스로 두 발로 교회를 찾아갔다.

'구하기 전에 너희에게 있어야 할 것을 하나님 너희 아버지

께서 아시느니라'(마 6:8)

아무 인도자도 없이 혼자 교회에 가려니 여동생을 끌고 갈 수밖에 없었다. 다행 중 다행인 것이 집안에 정말 힘들고 마음 아픈 큰일을 처음으로 치루면서 부모님께서 여자는 출가외인이고 교회에 가고 싶으면 가보라고 말씀하신 덕분에 여동생을 데리고 세례도 받기 전 교회에 새벽기도부터 나가기 시작했다. 큰언니나 셋째언니한테 주워들은 새벽기도란 정말 간절한 기도 제목에 하나님께서 응답 주시고 이루어주신다는 것이었다. 정말 단순한 그 말에 두 살 더 어린 여동생을 데리고 새벽 5시 예배에 참석하기 위해 4시 반에 일어나 세수를 하고 집에서 가까운 동네 교회를 갔다.

낯설음에 맨 뒤에서 여동생과 방석을 깔고 앉아(오래전 교회는 지금처럼 의자가 없이 대부분 방석에 앉아 예배를 보는 경우가 많았다.) 무슨 말인지도 잘 모르겠고 어떤 말씀을 하시는지도 잘 못 알아듣겠고 외국어도 아닌데 정말 이해하기 참 어려운 설교라는 걸 그때 처음 들어봤다. 그냥 문뜩 생각에 남는 것은 좋은 말씀이라는 것이었다. 그리곤 목사님의 설교가 마치면 불을 끄고 기도 시간을 가졌다.

사실 설교말씀보다 내 기도를 빨리 하고 싶어 불 끄는 시간을 기다렸다. 그렇게 20일 하고 일주일 쉬고 20일 하고 일주일 쉬고를 반복해서 60일을 마쳤다. 뭔가 해냈다는 마음에 기쁘기까지 하고 그 응답이 언제 될지가 무척이나 기다려지고 기대되는 시간이었다. 그리고 그 응답이라는 것이 빠른 시일 내에 정말 현실로 나타나 놀랍기까지 했고 마지막 이루어지지 않은 1개의 기도 제목은 3년 이내 기적처럼 해결되기까지 했다. 정말 신기했다.

'우리가 무엇이든지 구하는 바를 들으시는 줄을 안즉 우리가
그에게 구한 그것을 얻은 줄을 또한 아느니라' (요일 5:15)

그래서 기도하면 이루어지는구나. 정말 되는구나. 기적처럼 이렇게 하면 되는구나 하는 마음에 교회를 정기적으로 나가기로 작정했다. 결국 엄마를 설득하여 교회에 함께 나가기 시작했다. 엄마가 첫 열매였다. 그리고 아버지의 구원을 위한 기도를 정말 매일같이 15년간 했다. 아버지는 교회에 발을 들여놓고 세례를 받기까지 내 기도만 15년이 걸렸다. 나만 그렇게 기도했겠는가. 가족 모두가 마지막 남은 아버지를 위해 수세월 기도했다. 그래서 아버지의 세례식엔 축제 분위기였다. 지금도 아버지의 세례식 때 찍은 사진을 보면 가슴 뭉클하고 기쁘다.

엄마도 기억난다. 나와 여동생 사이 가운데 끼어 엄마가 처음으로 교회에 끌려가 첫 예배 보는 내내 노래를 기가 막히게 잘 부르는 엄마가 입도 뻥긋하지 않고 화난 무표정으로 마땅치 않게 서계셨다. 누구나 본인의 좋은 체험이 있으면 좋을 걸 알고 나누기 마련이다. 엄마한테도 똑같이 엄마가 원하는 기도 제목에 대해 기도해 보라고 응답 주실 거라고 말했고 엄마도 작정 새벽기도 20일을 하고 그 다음날 정말 기적 같은 응답을 받으셨다. 그리곤 엄마가 초고속으로 변화되고 달라지시기 시작하면서 함께 주일예배를 드렸다. 엄마는 그때를 시작으로 지금껏 새벽기도, 주일예배를 정말 하루도 거의 빠지지 않고 예배를 드리는 신실한 신자가 되었다.

현재 교회 간다며 향수 뿌리고 성경책을 이쁜 가방에 넣어 기분 좋게 교회로 가시는 모습을 볼 때마다 감사가 넘친다. 또 함께 예배를 드릴 때면 83세라고 보기 어려울 정도로 정말 큰 소리 높여 찬양하는 엄마를 보면 마음이 뭉클해진다. 이 모든 것이 하나님의 은혜다. 우리 가족 모두가 하나님의 자녀가 되었기 때문이다.

'날마다 우리 짐을 지시는 주 곧 우리의 구원이신 하나님을 찬송할지로다' (시 68:19)

새신자

'구하라 그리하면 너희에게 주실 것이요
찾으라 그리하면 찾아낼 것이요
문을 두드리라 그리하면 너희에게 열릴 것이니'
(마 7:7)

교회에 처음 가게 되면 가장 부담스러운 일이 있다. 새신자 등록이란 것이다. 그리고 교회 문 앞에 계신 분이 계속 물어보시는 일을 어떻게 그만두게 하시나 하는 생각에 몰두하게 된다. 지금도 가끔 교회에 인도하고 싶은 분이 주변에 계셔서 인도하고자 할 때면 대부분 듣는 얘기가 "선생님 말 듣고 정말 교회에 갔죠. 그런데 갈 때마다 계속 등록카드라고 내미시고 어디에 사냐고 물어보시는 게 정말 불편해서 지금은 안 가고 있어요. 나중에 갈 때가 있겠죠." 또는 "교회에서 자꾸 전화가 와서 너무 불편해요. 내가 가고 싶으면 가는데…."라는 대답이다.

어떤 상황이든 적당한 조절은 필요한 거 같다. 그래서 혼자 용기를 내서 좋다고 하니 교회에 갔는데 낯선 모르는 분이 앞에서 계속 반갑게 아는 친근한 내색을 하며 등록하고 가라고 하지 심방도 간다고 하고 다음 주에도 나올 거냐고 어디에 사냐고 계속 물어보면 나는 그때 어땠나 하고 잠깐이지만 예전의 나로 돌아가 생각해 보았다. 사실 나는 교회 예배 마치고 나올 때면 사람들 틈에 끼어서 서둘러 꾸벅 인사하고 빠져나왔다. 셋째언니가 교회 식당서 밥을 먹고 간다고 하면 밥은 왜 먹냐며 신경질을 내고 어쩔 수 없이 언니 차로 같이 교회에 왔기 때문에 붙잡혀서 겨우 밥을 서둘러 먹고 집으로 빨리 가자고 언니에게 무언의 표정으로 압박을 넣으며 집에 왔던 생각이 났다.

나도 그랬다. 지금서 되돌아보면 그렇게까지 할 필요는 없었는데 '나 그때 왜 그랬지?'라는 생각도 든다. 그런데 문제는 그때로 다시 테이프를 되돌려 내가 다시 과거로 간다면 난 또 그럴 거라는 거다. 정말이지 교회에 어렵게 천천히 적응하는 사람이었다. 교회가 너무 낯설고 모르는 사람 투성이고 예배당에 들어가 설교 말씀을 듣는데 알 것도 같고 어떤 건 이해 가면서도 모르겠고 찬양이라고 성경책을 찾는데 한참 찾아야 되고 유행가 가사랑은 전혀 다른 엄숙하고 거룩한 찬양곡을 불러야 하는데 음정도 잘 몰라서 음표를 보고 간신히 따라 부르며 애썼던 그때가 나였다. 지금은 대부분 없지만 그 시절엔 성경 맨 뒤에 교독문도 읽었다.

정말이지 도통 구약, 신약이 뭔지 찬양곡 찾느라 한참 헤맸던 기억이 있다. 그러다 예배 중 계속 불러왔던 찬양곡이 나오면 이건 지난번 불렀던 건데 하고 갑자기 기분이 조금 좋아지며 좀 더 쉽게 부를 수 있어서 다행으로 여겼던 생각이 난다. 그리고 목사님 설교 중간쯤만 되면 약속이나 한 듯 뒤에서 많이 졸았다. 그나마 졸면서 고개가 앞으로 꾸벅이면 다행인데 고개가 뒤로 재끼며 졸 때는 정말 난감했다. 어쩌면 그리 꿀맛처럼 잠이 그렇게 잘 쏟아지던지 어느 날은 목사님께서 무슨 말씀하셨는지 기억도 안 났다. '목사님께서 보셨으려나. 설마 그 많은 성도 중에 내가 보였을 리 없어.'라고 생각하며 예배 마치고 문 밖에서 인사드릴 땐 민망하듯 재빠르게 통과했다. 그나마 오늘은 교회에 도장을 찍은 날이고 주일예배를 지켰다는 나만의 충만함을 가졌다.

사람의 형상을 하나님께서 이 모양 저 모양으로 특별하게 만드셔서 정말이지 각 개인의 성격에 따라 누구는 교회에 적응을 편하게 하는 반면, 누구는 천천히 조용히 하고 또 누구는 어렵게 하는 분들이 있다는 것이다. 하지만 중요한 것은 교회에 스스로 가던지, 인도자를 따라 가던지 교회에 발을 들여놓은 순간 나는 하나님의 자녀, 하나님의 딸과 아들이 돼서 하나님과 가족이 된다는 사실이다. 하나님을 나의 아버지로 부를 수 있는 것은 정말 특권이다. 그래서 교회 앞에서 반갑게 인사하고 처음 보는 분인데도 관심을 갖고 아는 척하며 친근하게 다가오는 분들의 마음을 지금은 안다. 한마디로 기쁘기 때문이다. 기뻐서 놓치고 싶지 않은 마음에 적극적으로 다가오는 것이다.

'너희는 택하신 족속이요 왕 같은 제사장들이요 거룩한 나라요 그의 소유가 된 백성이니 이는 너희를 어두운 데서 불러내어 그의 기이한 빛에 들어가게 하신 이의 아름다운 덕을 선포하게 하려 하심이라'(벧전 2:9)

유혹

'술 취하지 말라 이는 방탕한 것이니
오직 성령으로 충만함을 받으라'
(엡 5:18)

교회에 나가기 시작하면서 가장 힘든 것이 어떻게 하면 주일을 한 번 빼먹을 수 있을까이다. 직장생활을 하면서 일요일은 황금의 날이다. 예전엔 토요일도 1시까지 정기적 정상근무를 해야 했던 나의 초신자 시절엔 그야말로 일요일엔 늦잠을 잘 수 있는 절호의 기회였다. 그래서 한 달에 한 번 일요일이면 아침마다 물었다.

"오늘 교회에 하루 쉬면 안 돼?"

가끔 날라리 근성이 생겨서 한 번은 빠지고 싶은 유혹에 꼭 언니한테 물었다. 평일 열심히 일하는 사람의 보상인 일요일. 황금의 날. 정말 신나는 휴일. 아침 일찍 일어나고 준비해서 서둘러 11시 주일예배에 출석해야 하는 부담감이 초신자 5년까지였던 거 같다. 어떻게 하면 하루를 빼먹고 나 하고 싶은 대로 늦잠 자고 뒹굴거릴 수 있을까. 못 봤던 TV. 영화. 만화도 신나게 보고 느긋하게 밥을 먹고 어디 나갈 준비를 하지 않아도 되는 정말 자유로운 휴일. 그때는 그 생각으로 한 달이면 한 번씩 꼭 언니한테 "나 피곤해. 오늘 안 가고 싶어."라고 말했다.

일요일엔 평일에 하지 못한 밀린 많은 일들이 쌓인다. 세탁물을 분류해서 세탁해야 되고, 널어야 되고, 개야 되고, 청소해야지, 장도 봐야지. 장보러 오다가다 차 타고 다니면 어느새 금방 오후가 돼서 주말엔 시간이 너무 빨리 지나가는 게 짜증이 날 정도로 느껴져 저녁만 되면 월요일 출근해야 하는 기분에 일요일이 너무 빠르게 지나가버렸다고 투덜거렸다. 거기다 잠시 낮잠이라도 못 자면 더 억울한 느낌마저 들었다. 아침에 늦잠을 자고서도 낮잠도 꼭 자고 싶었다. 정말이지 일요일을 고스란히 나 하고 싶은 대로 보내고 싶었다. 그 와중에 언니가 나의 믿음에 항상 일조를 했다.

"다음 주를 위해 미리 기도해야지. 내가 데리러 올 테니까 그때까지 준비하고 있어."

그때는 또 그 말이 듣기 제일 싫었다. 왜냐면 저 말만 아니면 나 그냥 쉬어도 되는데 꼭 데리러 온다는 저 말에 준비하고 기다려야지 하는 그 마음이 생기니 그것마저도 짜증이 날 때가 더러 있었다. 사람 마음이란 게 그렇다. 나 필요한 기도에 응답 받고 편하니 굳이 '주일예배 한 번 빼먹어도 괜찮겠지.'라는 생각. 기도에 대한 시간이 나 필요에 의해 나태해진 것이다. 일주일에 한 번 교회 예배시간 1시간 투자하는 게 아깝다니 이게 웬 말이냐 말이다.

한 주간 감사하고 기쁜 일들에 대해 또 힘들었던 일들에 대해 아버지와 대화할 수 있는 귀한 시간을 가진다는 건 정말 좋은 것이다. 그럼에도 불구하고 언제부터 내가 교회 예배시간 1시간 투자하는 게 그렇게 핑계가 많아졌나 하는 생각이 어느 날 문득 들었다. 되도록 빼먹지 말아야지 하면서도 어느새 그 결심은 일요일 아침 한 달에 한 번은 그 말을 습관적으로 했고 주일교사였던 언니는 8시 반에 나가 10시 반이면 꼭 날 픽업하러 아파트 밑에 대기하고 있었다. 믿음의 동역자가 가끔은 정말 필요하다.

어느 날 나에게 예기치 않은 사건이 터졌다. 먹고 사는 일은 중요하다. 하지만 하나님을 만나는 교회에 밥 먹듯이 일 때문에 빠지게 되면서 마음이 불편해지는 일이 생겼다. 바빠서 한 달에 한 번 빠지는 출석이 어느새 일로 인해 한 달에 한 번 출석하게 됐던 것이다. 죽을 만큼 힘든 사건이 발생되면서 기적처럼 그 일이 또 해결되는 것을 눈으로 보았다. 그리고 하나님께서 나와 함께 하고 계시고 나를 돕고 계시다는 것을 체험하면서 나는 내가 우선순위를 잘못하고 있다는 것을 깨달았다. 그래서 그때 하나님께 두 가지 약속을 했었다. 첫 번째는 교회 주일예배는 다시는 빠지지 않겠습니다. 두 번째는 감사하며 살겠습니다. 그리고 그 약속을 지금껏 지키고 있다.

'사람이 마음으로 자기의 길을 계획할지라도 그의 걸음을 인도하시는 이는 여호와시니라' (잠언 16:9)

위로

'아무것도 염려하지 말고 다만 모든 일에 기도와 간구로,
너희 구할 것을 감사함으로 하나님께 아뢰라
그리하면 모든 지각에 뛰어난 하나님의 평강이
그리스도 예수 안에서 너희 마음과 생각을 지키시리라'
(빌 4:6~7)

나에게 처음으로 성경말씀이 마음으로 와닿아 18번지가 된 말씀이 있다. 위의 말씀인 빌립보서 4장 6~7절이다. 사람이 1분 동안 걱정, 근심이 없는 순간이 얼마나 될까 생각해본 적 있는가. 끊임없이 나는 걱정하지 않는다고 다짐하지만 매순간 생각 없이 지내는 순간이 몇 초가 될까. 아마도 눈을 뜨는 순간부터 잠자리에 드는 시간까지, 또 잠을 자면서도 생각은 의식적이든, 무의식적이든 계속한다는 것이다. 어느 땐 현실의 일들이 꿈속에서도 나타나 연속적으로 이어지는 기분이 드는 경험도 적지 않다.

　나는 개인적으로 가장 대표적인 O형의 혈액형을 가졌지만 주변의 모든 분들이 30대 초까지 나를 A형으로 봤다. 그만큼 내성적으로 봤고 전혀 O형의 혈액형을 가진 사람이라고 그 누구도 보지 않았다. 학교에서 모범생으로 실장과 부실장의 간부생활을 했음에도 내 스스로 하기보다는 누군가 시켜서 어쩔 수 없이 하는 상황에 마지못해 따라가는 책임감으로 하는 의무 외에는 친구들과도 전혀 사교적이지 않았기 때문에 늘 밝고 처음 만난 사람들과도 어렵지 않게 친사회성을 발휘하는 친구들이 부러웠다. 내 성격을 고치고 싶었다. 그래서 세례 받은 뒤 성격기도를 10년간 했다.

　근데 어떻게 됐을까? 지금은 나를 사람들이 O형으로 제대로 본다는 것이다. 정말 우습지 않은가. 예전이나 지금이나 늘 나는 같은 사람, 같은 혈액형인 O형으로 지내고 있었는데 주변분들의 반응이 달라졌다는 거다. 세상 사람들은 보통 '마음먹기 나름이다.'라고 하지만 난 다르게 생각했다. 왜냐면 기도가 이루어진다는 것을 이미 체험했기 때문이다.

'하나님은 내 성격을 아시지. 나의 머리털까지 세시는 세밀한 분이시고 나를 만드신 분이시니 나보다 나를 더 잘 아시겠지. 아무 것도 염려하지 말고 모든 일에 기도와 간구로 너희 구할 것을 하나님께 아뢰라고 했으니 기도해보자. 기도하면 될 거야. 아버지가 내 기도를 들으시니 나도 바뀔 거야.'

내가 원하는 사교적이고 밝고 재치와 유머가 넘치는 성격으로 기도했다. 어느 순간 낯가림이 심하던 내 자신이 조금씩 변화되고 있다는 것을 느끼면서 가족들과 친구들도 알아채기 시작했다. 오래 전 어둡고 때로 우울하면서도 내색 안 하고, 조용하면서 너무 소심하고 소극적인 내 성격의 변화가 정말 좋았다. '기도'라는 그 단어가 '응답'이라는 그 단어가 정말 기쁘게 생각됐다.

> '우리 가운데 역사하시는 능력대로 우리가 구하거나 생각하는 모든 것에 더 넘치도록 능히 하실 이에게'(엡 3:20)

성경엔 좋은 말씀이 많이 실려 있다는 것은 누구나 안다. 하지만 나의 상황, 나의 마음에 쏘옥 들어오는 말씀은 때때로 다르다. 내가 빌립보서 4장 6~7절 말씀을 처음 알게 된 건 정말 우연이었다. 다른 사람이 메모로 프린트해서 수납장에 붙여놓은 이 말씀을 보면서 마음에 평안함과 위로를 받아 외우기 시작했기 때문이다. 암송이라고 하는 걸 그때 처음 했다.

그리고 앞으로 더 나아가 내가 필요한 것들이 있을 때마다 나는 빌립보서 4장 6~7절을 계속 되뇌이며 '하나님이 주실 거야.'라고 재정적인 물질에 대해서도 적용하기 시작하면서 그것 또한 채워지는 경험을 했다. 또한 걱정이 앞설 때마다 빌립보서 4장 6~7절을 생각하고 '말씀이 염려하지 말라 하시니 난 걱정하지 않을 거야.'라고 고쳐먹는 마음 때문에 성격도 점점 더 긍정적으로 변화되었고 문제가 있을 때라도 문제가 자연스럽게 해결되었다.

성경말씀엔 마음에 위로와 힘이 되는 많은 문구가 있다.

'그는 시냇가에 심은 나무가 철을 따라 열매를 맺으며 그 잎사귀가 마르지 아니함 같으니 그가 하는 모든 일이 다 형통하리로다' (시 1:3)

'여호와는 나의 목자시니 내게 부족함이 없으리로다'(시 23:1)

'또 여호와를 기뻐하라 그가 네 마음의 소원을 네게 이루어 주시리로다'(시 37:4)

'내게 능력 주시는 자 안에서 내가 모든 것을 할 수 있느니라'(빌 4:13)

'그러므로 내가 너희에게 말하노니 무엇이든지 기도하고 구하는 것은 받은 줄로 믿으라 그리하면 너희에게 그대로 되리라'(막 11:24)

'내 이름으로 무엇이든지 내게 구하면 내가 행하리라'(요 14:14)

'여호와께서 너를 위하여 하늘의 아름다운 보고를 여시사 네 땅에 때를 따라 비를 내리시고 네 손으로 하는 모든 일에 복을 주시리니 네가 많은 민족에게 꾸어줄지라도 너는 꾸지 아니할 것이요'(신 28:12)

'여호와께서 너를 머리가 되고 꼬리가 되지 않게 하시며 위에만 있고 아래에 있지 않게 하시리니'(신 28:13)

'강하고 담대하라 두려워하지 말며 놀라지 말라 네가 어디로 가든지 네 하나님 여호와가 너와 함께 하느니라'(수 1:9)

'우리가 선을 행하되 낙심하지 말지니 포기하지 아니하면 때가 이르매 거두리라'(갈 6:9)

'여호와의 천사가 주를 경외하는 자를 둘러 진 치고 그들을 건지시는도다'(시 34:7)

'찬송하리로다 하나님 곧 우리 주 예수 그리스도의 아버지께서 그리스도 안에서 하늘에 속한 모든 신령한 복을 우리에게 주시되'(엡 1:3)

'수고하고 무거운 짐 진 자들아 다 내게로 오라 내가 너희를 쉬게 하리라'(마 11:28)

'두려워하지 말라 내가 너와 함께 함이라 놀라지 말라 나는 네 하나님이 됨이라 내가 너를 굳세게 하리라 참으로 너를 도와주리라 참으로 나의 의로운 오른손으로 너를 붙들리라'(사 41:10)

'하나님이 이르시되 그가 나를 사랑한즉 내가 그를 건지리라 그가 내 이름을 안즉 내가 그를 높이리라 그가 내게 간구하리니 내가 그에게 응답하리라 그들이 환난 당할 때에 내가 그와 함께 하여 그를 건지고 영화롭게 하리라 내가 그를 장수하게 함으로 그를 만족하게 하며 나의 구원을 그에게 보이리라 하시도다'(시 91:14~16)

'나의 하나님이 그리스도 예수 안에서 영광 가운데 그 풍성한 대로 너희 모든 쓸 것을 채우시리라' (빌 4:19)

'네가 무엇을 결정하면 이루어질 것이요 네 길에 빛이 비치리라' (욥 22:28)

내가 가장 좋아하는 대표적인 성경말씀이다.

영접

'네가 만일 네 입으로 예수를 주로 시인하며
또 하나님께서 그를 죽은 자 가운데서 살리신 것을
네 마음에 믿으면 구원을 받으리라
사람이 마음으로 믿어 의에 이르고
입으로 시인하여 구원에 이르느니라'
(롬 10:9~10)

'영접'이라는 단어를 어학사전에 찾아보면 '손님을 맞아서 대접함'이라고 한다. 믿는 자에게 영접이란 예수를 내 마음으로 받아들여 삶의 주인으로 모시는 것이라고 볼 수 있다. 나의 심령으로 받아들이는 것이다. 처음 예수를 내 마음으로 받아들이는 영접을 하지만 우리의 혼과 육으로는 전혀 느낌이 없다. 우리가 이 세상의 감각적 영역에 살고 있기 때문에 대부분 사람들은 '아무런 느낌이 없는데 이거 제대로 하고 있는 게 맞나?'라고 생각할 수도 있다.

감각으로 우리가 모든 것을 인식하기에 느낌을 추구하는 것이 일반적이다. 하지만 영의 영역에서는 다르다. 영적으로 거듭남으로 하나님의 생명과 본성으로 우리가 재탄생, 재창조되기 때문이다. 그래서 아무런 느낌이 없는 것이 당연하다. 우리의 행동이 영접하였지만 예전과 달라지지 않은 것은 우리의 사고가 말씀으로 바뀌지 않았기 때문이다. 나는 예전의 나와 별반 다를 것이 없게 느껴진다. 뭔가 예수님을 영접하고 하나님이 아버지가 되었지만 난 여전히 이 땅에서 어제의 나와 지금의 내가 달라진 게 없는 것 같다고 할 수도 있다. 무언가 크게 기대했는데 보니 여전히 그대로 나인 것이다. 하지만 영접하는 그 순간 나는 하나님의 자녀로 하나님의 보호와 울타리 안에 있게 된다. 영혼육에 대해선 뒷장에 다시 간단히 다

룰 것이다.

　성경은 구약과 신약으로 나뉜다. 여기서 구약의 욥기서 1장 9~10절에 보면 '사탄이 여호와께 대답하여 이르되 욥이 까닭 없이 하나님을 경외하리이까 주께서 그와 그의 집과 그의 모든 소유물을 울타리로 두르심 때문이 아니니이까 주께서 그의 손으로 하는 바를 복되게 하사 그의 소유물이 땅에 넘치게 하셨음이니이다'라고 기록되어 있다.

　이처럼 우리는 하나님의 자녀가 되면 하나님의 보호와 울타리에서 축복을 누리게 된다. 그 어떤 것도 침범할 수 없는 것이다. 더군다나 우리가 예수를 주로 시인하고 마음으로 믿으면 구원을 받게 되는 이 간단한 방법이 얼마나 감사한가. 또한 우리가 마음으로 영접하여 교회에 정기적으로 출석하게 되면 보통 세례식을 갖게 된다. 세례를 백과사전에서 찾아보면 물에 담그거나 물로 씻어서 베푸는 거룩한 의식으로서 '죄를 씻어줌', '완전히 새롭게 됨', '삶이 온전히 변화됨' 등의 의미를 상징적으로 표현해준다고 기록되어 있다. 교회에 입성, 입문 의식으로 보면 되겠다.

　교회에 출석을 꾸준히 하게 되면 보통 '세례'와 '성경공부'의 권유를 받게 된다. 대부분 새신자가 또 마음에 부담과 거부감이 살짝 드는 것이 '세례식'과 '성경공부'인데 '세례식'이 있기 전에 '문답'

을 먼저 받기도 한다. 나도 문답과 세례를 거쳤고 절차가 어려운 건 아니었지만 특히 교회에서 사용하는 단어가 그때 당시에는 무척 생소하게 들렸던 기억이 있다. 요점은 사실 하나님을 제대로 알자는 것이다.

하나님은 아무런 조건 없이 주시고 우리는 믿음으로 받는다. 우리는 일명 내가 중심이 되어 내가 원하는 거, 바라는 걸 계속 구하고 달라고 조르고 떼를 쓴다. 하지만 하나님은 언제나 우리에게 주시기만 하신다. 우리가 하나님을 마음으로 받아들이기만 하면 아무런 조건 없이 하나님의 것이 그냥 자녀인 우리의 것이 되는 것이다. 그래서 우리는 은혜 안에 산다.

성경

'이 율법책을 네 입에서 떠나지 말게 하며
주야로 그것을 묵상하여 그 안에 기록된 대로 다 지켜 행하라
그리하면 네 길이 평탄하게 될 것이며 네가 형통하리라'
(수 1:8)

나는 내가 얼마 동안 교회에 출석하고 세례를 받고 말씀을 들으면서도 늘 이해되지 않는 어려운 부분이 있었다. "우리는 죄인입니다."였다. 그리고 어렸을 때 교회에 대한 거부감이 생겼던 것도 노상전도 하시는 분들의 "우리는 죄인입니다."였던 것이다. 계속 교회에 초신자로 출석하면서 난 속으로 되뇌었다. '도대체 왜 죄인이라는 거야? 난 부모님께 잘하고 착하게 살았고 모범생으로 남한테 잘못한 것도 없이 정말 잘 살아왔는데. 나만큼 착한 사람 있음 어디 나와 보라 그래.'라고 생각했다.

왜냐하면 난 정말 착한 딸이었다. 7남매를 키우시는 엄마를 도와드려야겠단 생각에 국민학교 3학년 때부터 엄마의 설거지를 도와드리고 중학교 1학년 때부터 30분 거리의 도보로 학교에 가기 전 안방, 거실을 손걸레질하고 학교에 가며 엄마가 힘들어하는 소소한 일들을 도왔다. 마당의 세퍼드 개똥을 삽으로 치우는 일은 정말 일도 아니었다. 그래서 정말 이해하기 힘들어서 '죄인'이라는 말에 반발심이 컸다. 어느 날은 그 말씀을 설교 중 또 들을까봐 교회에 가기 싫기까지 했었다. 오랜 세월이 지난 후에야 난 '죄인'은 '믿지 않는 자'에게 해당되는 말이란 걸 알았다.

'하나님이 죄를 알지도 못하신 이를 우리를 대신하여 죄로 삼으신 것은 우리로 하여금 그 안에서 하나님의 의가 되게 하려 하심이라'(고후 5:21)

예수를 믿는 우리는 현재 '하나님의 의'이기 때문이다.

'하나님이 세상을 이처럼 사랑하사 독생자를 주셨으니 이는 그를 믿는 자마다 멸망하지 않고 영생을 얻게 하려 하심이라'(요 3:16)
'내가 진실로 진실로 너희에게 이르노니 내 말을 듣고 또 나 보내신 이를 믿는 자는 영생을 얻었고 심판에 이르지 아니하나니 사망에서 생명으로 옮겼느니라'(요 5:24)

현재시제 또는 과거시제다. 이미 이루어진 것이다. 세상 지식에 근거해서 내가 '죄인'이라고 하는 말을 이해할 수 없었고 반발심이 컸던 것은 당연하다. 쉽게 말하면 성경을 잘 알지 못하기 때문에 이해할 수도 없었던 것이다. 우리는 하나님의 지식, 말씀에 근거해서 살아야 한다. 우리의 삶 가운데 말씀의 위치가 달라져야 하기 때문이다. 호세아 4장 6절에 보면 '내 백성이 지식이 없으므로 망하는도다'라고 기록되어 있다. 그래서 스스로 '성경을 알아야 하는구나!'라고 생각했다. 성공과 승리의 비결이 성경 바로 여기에 있다고 생각했다.

나는 성경에 대해 백지였다. 하나님에 대해서도 잘 몰랐고 그저 나의 경험한 기도의 응답으로 인해 교회에 출석하고 있었다. 그렇게 세례 받고 4년 동안은 조용히 교회를 다니는 성도였다. 그런 순간 큰언니가 갑자기 "성경을 읽으면 정말 기도가 꼭 이루어진대. 기도 제목을 놓고 한 번 해봐."라고 말해주었다. 지금 생각해보면 성경을 읽게 하기 위한 큰언니의 작전에 내가 휘말린 게 아니었나 싶다. 그래서 성경을 읽기 시작했다. 성경을 처음으로 1독 했을 때가 26살이었다.

처음 무슨 말인지도 모르고 읽어내려 가자니 정말 끝도 없이 나오는 이름의 계보들이 너무 많다는 생각뿐이었다. 그리고 하나님이 너무 무섭다는 생각이었다. 구약에서 무고한 많은 사람들이 하나님의 택하신 백성들로 인해 정말 처단되는 수준으로 보였고 '하나님의 말을 듣지 않으면 다 죽는구나.'였다.

이것 또한 하나님을 모르기 때문이었다. 1번. 2번. 3번. 4번은 정말 그저 읽기만 했고 5번. 6번 읽으면서 뭔가 새롭게 깨달아지기 시작했다. 1번. 2번 횟수가 늘어날 때마다 내 마음에 닿는 말씀 또한 그때그때마다 달랐다. 정말 내겐 약처럼 말씀이 좋아지고 있었다. 그래서 '나이 들어 눈이 침침해서 성경을 못 보면 안 되니까 눈 나빠지기 전에 20독은 해야겠구나.'라는 생각까지 했다. 그러면서 하나님의 마음을 알아가기 시작했다.

하나님은 공의의 하나님이시다. 이 세상을 창조하신 하나님의 말씀이 법인 것이다. 하나님의 본성은 사랑이시다. 우리가 하나님의 생명과 본성으로 거듭나 우리 안에 하나님의 사랑이 있는 것처럼 하나님의 선함이 우리 안에서 자연스럽게 사랑으로 표현되는 것과 같다.

아담을 에덴동산에서 쫓아내면서도 '얼마나 마음이 아프셨을까.'라는 생각이 문득 든다. 하나님은 외로우셔서 가족이 필요하셨고 아담과 하와를 창조하셨고 하나님과 같은 존재, 생명을 전이하셨다. 그럼에도 아담은 하와의 죄로 죄를 지었고 에덴동산에서 쫓겨났다. 하나님은 아담이 쫓겨나는 순간에도 사랑하셨기에 가죽옷을 만들어 입히셨고 아담의 자손인 가인과 아벨에게 영적 죽음으로 하나님과의 교제가 끊어졌음에도 어느 기간 동안 음성으로 말씀까지 해주셨다.

성경은 하나님의 마음이라고 나는 생각한다. 읽으면 읽을수록 깨달아지면 깨달아질수록 그 깊이와 너비와 높이와 무게로 하나님의 마음을 헤아릴 수 있고 하나님의 계획과 목적을 알 수 있기 때문이다.

한 번은 은사를 받고 밤에 기도하는 것을 좋아하여 밤 10시만 되면 기도를 했다. 그때 하나님께 물었다.

"아버지 저 얼만큼 사랑하세요?"

하나님의 대답은 내게 환상으로 지구와 우주를 보여주셨다. 그때 하나님의 나를 향한 사랑으로 눈물이 왈칵 쏟아졌다. 나를 지구와 우주만큼 사랑하신다니…. 하나님이 내게 물었다.

"너는 나를 얼만큼 사랑하니?"

나는 하나님께 말했다.

"저는 아버지가 사랑하시는 만큼 아버지를 사랑하지 않는 것 같아요."

하나님은 우리 모두 각 개인을 그렇게 사랑하신다.

빌립보서 2장 10절은 '하늘에 있는 자들과 땅에 있는 자들과 땅 아래에 있는 자들로 모든 무릎을 예수의 이름에 꿇게 하시고'라고 말씀한다. 하나님의 아들인 예수님께서 하늘과 땅의 모든 권세를 우리에게 주셨다. 왜냐하면 현재 우리가 예수님의 이름을 사용하기 때문이다. '주와 합하는 자는 한 영이니라'(고전 6:17)고 말씀은 말한다. 이 얼마나 기쁜 소식인가.

나는 점점 더 말씀이 좋아서 성경책을 읽을 때마다 좋은 말씀을 노트에 적기 시작했다. 그리고 노트에 적은 말씀을 쳐서 프린트를 뽑아 가방에 넣고 시간이 있을 때마다 성경말씀을 암송했다. 고속도로에서도 운전을 하면서 정체가 심할 경우 가방에서 프린트를 꺼내 암송한 말씀을 확인하고 다시 읽어보는 연습을 계속 해나갔다. 잠시 정체되어 거북이걸음 하는 그 순간 암송을 하면 얼마나 하겠는가. 그만큼 말씀이 내 삶 가운데 힘이 되고 용기가 되고 위로가 되었다. 하나님이 너무 좋고 다른 사람들도 하나님을 알았으면 싶었다. 그래서 가는 곳마다 만나는 사람마다 내가 위로받고 힘이 되었던 성경말씀을 그들에게도 똑같이 전하며 지냈다.

하나님을 아는 것이 지혜의 근본이듯이 이 땅에서 우리는 많은 위기의 순간이 있고 삶 자체가 많은 고비를 넘겨야 할 때가 많다. 그럴 때 하나님의 말씀은 내게 지혜가 되고 키가 되고 나침반이 되었다.

'그는 시냇가에 심은 나무가 철을 따라 열매를 맺으며 그 잎사귀가 마르지 아니함 같으니 그가 하는 모든 일이 다 형통하리로다'(시편 1:3)

하나님은 정말 나의 아버지가 되셨다. 내가 걱정을 하려고 할 때마다 음성으로 "걱정하지 마라."라고 반복해서 말씀을 주실 때가 너무 많았다. 아버지의 음성을 들을 때마다 마음에 평안함으로 걱정하는 횟수가 내 삶 속에 점점 줄어들고 있었다. '두려워하지 마라.'가 성경에 366번이나 된다. 우리가 세상 살면서 삶 가운데 걱정과 두려움은 누가 주겠는가.

'하나님이 우리에게 주신 것은 두려워하는 마음이 아니요 오직 능력과 사랑과 절제하는 마음이니'(딤후 1:7)

하나님은 우리가 능력으로 살아가길 원하신다. 하와가 뱀에게 미혹되어 죄를 지었던 것처럼 이 땅에 미혹이 만연하더라도 우리는 아버지인 하나님이 함께 하시고 성경말씀이 있다. 승리와 성공이 우리의 것인 것이다.

'무릇 하나님께로부터 난 자마다 세상을 이기느니라 세상을 이기는 승리는 이것이니 우리의 믿음이니라'(요일 5:4)

성경을 읽고 연구하는 데 시간을 투자하십시오. 삶의 지도가 성경 안에 모두 있습니다.

새벽기도

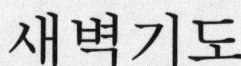

'뜻이 하늘에서 이루어진 것 같이 땅에서도 이루어지이다'
(마 6:10)

'두세 사람이 내 이름으로 모인 곳에는
나도 그들 중에 있느니라'
(마 18:20)

기도는 하나님과의 교제, 만남, 대화다. 나는 개인적으로 세례 받기 전 새벽기도를 먼저 시작하였기에 새벽기도에 대한 좋은 경험을 가지고 있었다. 보통 새벽기도는 365일 매일 하시는 분도 계시지만 때에 따라 20일, 30일, 40일, 100일 작정기도를 하기도 한다. 작정기도란 내가 얼마 동안 기간을 정하여 매일 이른 아침 새벽 같은 시간에 교회에 나와 예배를 보고 원하는 기도 제목을 놓고 집중기도 시간을 갖는 것이다.

우리가 왜 기도하면서 눈을 감겠는가? 눈을 통해 들어오는 모든 세상을 차단하고 하나님께 집중하고 기도에 집중하기 위해서이다. 새벽기도 예배는 보통 주일예배보다는 아주 짧다. 새벽기도의 가장 좋은 장점은 이른 아침 하나님과의 대화를 첫 번째로 할 수 있다는 것이다. 이 세상 우주 만물의 주인이신 하나님과 대화를 그 누구도 아닌 내가 할 수 있다는 게 얼마나 큰 특권이자 감사할 일인가. 내가 하루의 시작을 선택할 수 있는 것이다. 하루를 시작할 때 하나님과 하루를 함께 열어가며 내게 주신 최고의 하루, 기쁘고 즐겁고 감사한 하루를 내가 선택할 수 있다.

'내가 오늘 하늘과 땅을 불러 너희에게 증거를 삼노라 내가

생명과 사망과 복과 저주를 네 앞에 두었은즉 너와 네 자손
이 살기 위하여 생명을 택하고'(신 30:19)

내가 복과 생명을 선택할 수 있다. 전통적으로 나는 무슨 일이 생기면 무조건 새벽기도를 시작했다. 그렇게 듣고 훈련 받았기 때문이다. 20일 작정기도, 40일 작정기도, 100일 작정기도 그 중에서 10일 작정기도는 가뿐하게 할 수 있었다. 특히 언젠가 100일 새벽기도를 마치니 20일, 40일은 정말 우습게 여겨졌다.

직장생활을 하면서 새벽기도를 하기란 쉽지 않다. 새벽기도 내내 직장 내에서 수시로 졸립기도 하여 커피를 자주 마시게 되고 그냥 피곤함이 끝날 즈음엔 최고조가 된다. 기도 응답을 기대하면서 하루하루 달력에 동그라미를 치고 며칠 남았는지 확인하며 날짜가 줄고 있음에 마냥 신이 난다.

하루를 빠지게 되면 다시 첫날부터 시작해야 한다는 부담이 너무 커서 알람을 맞춰놓고도 밤에 시간을 놓쳤는 줄 알고 자다가도 벌떡 일어나 시계를 확인하는 때도 많았고 여름철 해가 일찍 떠서 밝아지면 늦었는 줄 알고 소리 지르며 시계를 확인할 때도 있었다. 그러다 늦지 않은 걸 확인하면 정말이지 안도의 한숨을 내쉬기도 하고 임박해서 일어날 때는 헐레벌떡 달리기 뛰느라 바빴다. 40

일 작정기도 중 38일째 못 일어나면 다음날 1일부터 다시 시작해야 하기 때문이다. 그래서 밤잠을 푹 잘 수도 없고 초긴장 상태로 잠을 잘 수밖에 없어 작정기도를 마칠 때까지 정말 피곤한 날들의 연속이 됐다. 하지만 참으로 감사한 것은 지금까지 새벽 작정기도를 할 때마다 응답을 받지 않은 적이 단 한 번도 없다는 것이다.

새벽기도를 다니며 했던 모든 기도가 이루어졌다. 대부분 교인이라고 하면 새벽기도의 중요성을 많이 이야기한다. 개인적인 힘든 일이나 해결되어야 할 문제가 있으신 분들께 보통 20일, 40일 작정기도를 권하기도 한다. 기도할 제목은 보통 2~3개로 정하고 집중적으로 기도하는 것이다.

나 역시 세수하고 양치만 하고 새벽예배를 보러 갔기 때문에 맨얼굴을 보이기가 민망하여 재빠르게 뒷자리에 가서 앉는 것이 대다수였다. 새벽예배에 가보면 시작 전 미리 예배당에 자리를 잡고 기도하시는 분들이 늘 계시다. 미리 일찍 오셔서 한마디라도 기도를 더 하시고 싶기 때문이다. 그래서 예배를 시작할 땐 항상 종이 울려 시작을 알려준다.

때로 언니와 같이 예배당에서 예배를 시작하는 종이 울려 고개를 들면 목사님께서 계신 강대상 앞이 보이기 이전에 바로 앞에 앉으신 대부분의 사람들의 머리가 보인다. 문제는 머리의 정수리 머리카락이 까치집을 짓고 있다는 것이다. 시간에 맞춰 급하게 오셔서 머리 빗질도 하지 못하신 경우다. 너무 심할 경우엔 나도 모르게 속으로 생각한다.

'머리 좀 빗고 오시지.'

하지만 하나님은 우리의 마음속 중심을 보시지 외모로 보지 않으심에 감사하다.

새벽기도에서 가장 충격적인 것은 새벽 5시 예배를 보기 위해 4시 반에 일어나 급하게 세수하고 이 닦고 차를 끌고 이동해야 하는데 그 와중에도 화장을 이쁘게 하고 새벽예배에 참석하는 분이 있다는 것이다. 정말 지금껏 내 평생에 두 분을 봤다. 그 중 한 명이 우리 큰언니다. 새벽 3시에 일어난다. 한 번은 물어보니 "하나님 보러 가는데 이쁘게 하고 가야지."라는 말이었다. 미국에 사는 큰언니는 자동차로 가는 데만 1시간 반 거리의 교회에 새벽기도를 가는 사람이다. 왕복 3시간이다. 큰언니는 지금도 매일 새벽 3시에 일어난다. 셋째언니도 매일 새벽기도로 이른 아침에 눈을 뜬다. 모두가 가족들을 위한 기도로 감사한 하루를 시작하러 간다.

'그리스도의 평강이 너희 마음을 주장하게 하라 너희는 평강을 위하여 한 몸으로 부르심을 받았나니 너희는 또한 감사하는 자가 되라'(골 3:15)

하나님은 항상 많은 성령의 체험으로 나를 놀라게 하시고 조금씩 더 앞으로 믿음을 전진하게 하신다. 천사가 우리를 도운다는 것을 믿는가? 한 번 믿음으로 보길 바란다. 언니와 내가 새벽기도를 마치고 도로변에 세워둔 차로 가서 언니가 시동을 거는데 시동이 걸리지 않는 것이다(10년 전엔 지금처럼 CCTV가 그리 많지 않아 이른 새벽 도로변에 잠시 세워둬도 전혀 문제가 되지 않았다). 그때 언니는 아이들과 함께 가까운 근교로 여행을 자주 다녔기 때문에 연비절감에 좋은 가스차 레조를 끌고 다녔다. 새벽기도 때 기도를 많이 하고 나온 날은 서둘러 집에 가야 빠듯하게 아침밥을 먹고 준비하여 출근에 나선다. 근데 예상치 못한 일로 시간이 지체되면 출근해야 하는 여러 가지 상황이 주마등처럼 머릿속에 지나가며 마음이 조급해진다. 이날 따라 언니가 시동을 9~10번 거는데 차가 꼼짝도 하지 않아 마음이 조금 급해지는 상황이었다. 아이들의 학교 등교 준비를 해야 하기 때문이다.

그때 내가 두 손으로 차에 손을 얹은 뒤 명령했다. "천사야 도울지어다. 차를 움직일지어다."라고 말로 선포한 뒤 방언기도를 했다. 1분 정도 지나자 갑자기 하나님이 음성으로 "이제 시동 걸어라."하시는 거다. 그래서 바로 언니한테 "언니 지금 시동 걸어봐."라고 하니 바로 시동이 걸린다. 언니랑 나랑은 그 즉시 "아버지 감사해요. 할렐루야!"라고 말한 뒤 서둘러 집으로 향했다. 아마도 지금 이 시점에 분명 "우연이었겠지."라고 생각하시는 분들이 있을 것이다.

그 뒤 정말이지 많은 재미있는 사건들이 넘쳐났었다. 기계가 고장나면 손을 얹고 정말 미친 사람처럼 기도하면 기계가 작동이 됐던 것이다. 라디오도 그랬다. 계속해서 이런 일이 발생되자 주변 분들께도 정말 되니 직접 해보라고까지 했는데 정말 된다고 하시는 분들이 많았다. 그래서 그 뒤 믿음의 실험을 자주 했다. 이 얘기는 10년도 더 된 오래전 얘기다.

더 재미있는 얘기가 한 가지 더 있다. 컴퓨터 하드가 오랫동안 사용하다 보면 기계도 노후가 되어 속도도 느려지고 화면도 잘 뜨지 않고 켜졌다 스스로 꺼지기도 한다. 집에 컴퓨터가 그랬다. 중요한 서류를 할 때면 언제 알았냐는 듯이 컴퓨터에 문제가 생기는 것이다. 컴퓨터 기사를 요청하여 점검하니 하드를 교체해야 된다고 한다. 그래서 정말 간신히 사용하고 있었다. 내가 손을 얹기 전까지 정말 컴퓨터가 ON상태가 되면 OK. 안 되면 할 수 없이 한참을 기다렸다 다시 켜보는 무한반복의 행동으로 사용하고 있었다. 그날도 또 똑같이 예상치 못하게 컴퓨터가 자연스럽지 못했다. 아예 화면조차 뜨지 않고 하드에 불만 켜져 있는 것이 자동차 그때랑 비슷했다. 그래서 또 컴퓨터 하드를 붙잡고 명령했다.

"컴퓨터야 켜질지어다. 천사야 도울지어다."

그리고 방언기도를 했다. 어찌되었을까? 바로 교체해야 할 컴퓨터 하드를 1년 동안 멀쩡하게 더 사용했다. 하나님께 영광 돌린다. 할렐루야!

> '모든 천사들은 섬기는 영으로서 구원 받을 상속자들을 위하여 섬기라고 보내심이 아니냐' (히 1:14)

우리가 믿기만 하면 천사의 도움을 실제로 경험하는 일도 증가된다. 언니가 바빠 조카 학교 픽업을 못하는 경우가 종종 있었다. 언니가 대학의 교수로 재직하면서 급작스럽게 픽업해야 할 시간을 도저히 못 맞추거나 조카가 학교버스를 놓치거나, 학교 수업이 일찍 끝나 집에 데리고 와야 할 상황이 갑자기 생기면 언니 대신 조카를 학교로 픽업하러 다녔다. 그날도 시간적 여유가 있어 조카를 픽업하러 초등학교에 가서 데리고 집으로 향하던 길이었다.

집 가까이엔 교통이 복잡한 큰 사거리가 있는데 거기서 우회전을 해야 했다. 나는 우회전 하기 전에 큰 도로변의 주변을 살펴보고 오가는 차량이 전혀 없는 것을 먼저 확인했다. 우회전 하자마자 바로 3차선을 빼고 2차선으로 꺾을 참이었다. 우회전 하며 2차선으로 진입하려고 엑셀을 슬슬 밟으려는 찰나! 갑자기 운전대를 잡고 있던 내 두 손 위에 다른 손이 얹어진 느낌이었다.

나는 이상하다고 생각하면서도 멈추지 않고 2차선으로 진입하려는데 그 순간 그 어떤 손의 힘이 강하게 내가 잡고 있던 운전대를 오른쪽으로 확 꺾어 2차선으로 가지 못하게 했다. 나는 순간 너무나 놀랐다. '이게 뭐지?' 싶었다. 내가 아닌 투명한 다른 손이 운전대를 잡고 강하게 방향을 틀었다면 놀라지 않을 사람이 어디 있겠는가? 이건 자주 경험할 수 있는 일도 아니기에 놀랍기만 했다.

내가 가려던 2차선으로 분명 100킬로의 속도는 될 법한 어디서 나타난 건지 봉고차가 질주하고 있었다. 아차! 하고 2차선으로 들어갔다면 바로 그 즉시 큰 충돌 사고로 나는 하나님께 갔을 것이다. 그때 당시 "자동차 사고 나면 혼자 죽어야지. 옆에 누구라도 타고 있어서 옆 사람까지 죽게 되면 그건 안 돼."라고 곧잘 말할 때였다. 믿는 자들의 말의 권세, 혀의 권세는 중요하다. 그래서 말을 정말 잘해야 한다. 그때 내 나이 30대 초반이었다.

그때 옆에 타고 있던 초등 3학년이었던 조카 고은이와 같이 "아~악" 너무 놀라 소리를 질렀다. 그래서 바로 "이모 이상했어. 천사가 꼭 도와준 거 같아. 이모 손 위에 강한 손이 운전대를 확 꺾었어. 이거 뭐지?"라고 말했었다. 그 후에 가족들에게 간증거리로 말하긴 했지만 정말 불가항력적인 힘이었다는 건 잊을 수 없다. 이 일은 17년 전 일이다. 지금은 농담 삼아 조카들과 얘기를 나누지만 그때 손에 얹어졌던 힘의 느낌은 여전히 생생하게 기억한다. 하나님은 위기의 순간을 미리 아시고 초자연적인 힘으로 우릴 도우시고 보호하신다. 놀랍지 않은가.

'하나님을 찬송할지로다 그가 그의 천사를 보내사'(단 3:28)

꿈도 천사의 사역이다. 성경의 구약에도 천사가 하나님의 메시지를 전달하는 전달자나 사자로 나오는 예가 많다. 새벽기도가 정말 좋은 것은 어느 순간 새벽기도를 마치고 잠시 5~10분 정도 눈붙일 시간적 여유가 있어 잠을 자면 기도에 대한 응답을 선명한 꿈으로 보여주신다는 것이다. 매번. 항상 꿈으로 보여주신 결과가 틀린 적이 없었고 그래서 기도에 대한 결과를 예상할 수 있었다.

'그가 너를 위하여 그의 천사들을 명령하사 네 모든 길에서 너를 지키게 하심이라'(시 91:11)

지금도 생생하게 생각나는 사건이 있다. 8년 전 새벽녘 일어나기 직전 꿈을 꿨었다. 내가 길을 따라 걷고 있는데 전혀 낯모르는 경찰복 입은 남자가 내 옆에서 두 뼘 정도의 거리랄까 몸이 닿을 정도는 아니지만 가깝게 나란히 나와 동행하고 있었다. 모자를 눌러 써서 얼굴도 잘 보이지 않았는데 내 옆에서 나를 지켜주듯 직진으로 가다 왼쪽으로 방향을 틀어 걷는데도 한 치의 오차도 없이 나와 같은 거리를 두고 걷고 있는 생생한 꿈을 꿨다. 그래서 나는 일어날 때 속으로 '주님이 나를 지켜주는가 보다.'라고만 생각했다.

그날 청주에 일이 있어 차를 끌고 나가 차 왕래가 많은 큰 사거리에서 우회전을 하는 상황이었는데 사실 그 장소는 평소에도 접촉사고가 아주 잦은 곳이었다. 나는 잠시 멈춰 지나가는 차량을 확인하려고 고개를 왼쪽으로 꺾어 뒤를 쳐다보는 순간 뒤에 따라오던 차량이 내 차를 받은 것이다. 나는 순간 뒷목 생각을 했지만 무시하고 내려 차 범퍼를 확인했다. 뒤에 따라오던 차량에는 젊은 남자 두 분이 타고 있었는데 내리면서 어쩔 줄을 몰라 했다. 결국 약간 찍히고 긁힌 자국만 있어 크게 문제는 없어서 그냥 가시라고 하니 혹시

나 어디 불편사항이 생기면 연락 달라며 명함을 주셨다.

　나의 목에는 항상 십자가 목걸이가 달려있다. 어느 땐 정말 하고 싶지 않을 때에도 하나님의 마음으로 선행을 해야 할 때도 많다. 어쨌든 목에 십자가를 하고 있었고 오늘 새벽에 지켜주시는 꿈을 꾸었기 때문에 아무 이상이 없을 거란 확신에 명함만 받고 웃으며 헤어졌다. 주변 분들은 왜 그냥 가게 했냐며 병원 가서 목 사진 찍어봐야 한다고 말했지만 난 이미 내 상태를 알고 있었다. 그 후 세게 부딪쳤음에도 내 목에는 전혀 이상이 없었다.

　한 가지 더 있다. 가끔 예기치 않은 물건을 잃어버리거나 어디에 두었는지 잊어버려 찾을 수 없을 때가 종종 있다. 잘 둔다고 두었는데 도저히 생각이 안 나는 것이다. 나도 가끔 그렇다. 그래서 천사에게 말했다.

　"천사야 잃어버린 물건을 찾도록 나를 인도하고 도울지어다."

　그럼 어떻게 됐을까? 답은 항상 같다. 꼭 찾게 된다는 것이다. 아멘.

　천사가 지구 '나'라는 사람한테 오기까지 3하늘에서 7분 걸린다고 한다. 쉽게 말하자면 1하늘은 우리가 지금 볼 수 있는 하늘. 2

하늘은 우주. 3하늘은 하나님께서 계신 천국이다. 언젠가 CTS방송을 즐겨 듣던 중 목사님께서 천사가 지구까지 오는데 과학적인 연구 결과에 대해 얘기하신 적이 있었다. 그때 다니엘서의 천사에 관련된 기록을 펼쳐 설명하시며 하나님께서 나를 돕기 위해 파견하는 천사가 지구까지 도착하는 시간이 빛의 속도로 7분이라고 했다. 정말 놀랍지 않은가. 내가 기도를 시작하기 전 이미 하나님께서는 아시고 천사를 미리 파견하신다. 할렐루야!

이 세상 우주 만물은 하나님의 것이다. 우리는 하나님의 자녀이다. 만물의 뜻을 어학사전에 찾아보면 세상에 있는 갖가지 모든 것이라고 되어있다. 만물에 포함된 무생물이든 유생물이든 모든 것을 다스릴 수 있는 권세를 하나님께서 우리에게 주셨다는 것을 기억하라.

'만물이 다 너희 것임이라' (고전 3:21)

지금은 수년 전부터 대부분의 교회가 새벽예배를 1부, 2부로 진행하고 있다. 오래전 새벽 4시 반에 일어나 새벽예배를 드릴 때보다 정말 편리해지고 좋아졌다는 것이다. 한 번쯤 도전해보지 않겠는가.

방언 I

'그 후 오순절 날이 되자 그들이 다 하나가 되어
한 장소에 모였는데 갑자기 하늘에서
거친 강풍 같은 소리가 나더니
그들이 앉아 있는 온 집안을 가득 채우더라
거기에 불같은 모양으로 갈라진 혀들이 나타나
그들 각 사람 위에 머물더니 그들 모두가 성령으로 충만하여
성령께서 그들에게 발설하게 하신 대로
다른 방언들로 말하기 시작하더라'
(행 2:1~4, 한글킹제임스)

사람이 주님을 영접하여 거듭나면 그의 영이 재창조된다. 하나님께서는 성령님에 의해 재창조된 그 사람의 영에 새로운 언어를 주신다(고전 13:1). 사람이 새로운 탄생. 영혼구원을 받으면 성령 충만이 되어야 하는데 가장 좋은 방법이 방언이다.

'요한은 물로 세례를 베풀었으나 너희는 몇 날이 못되어 성령으로 세례를 받으리라 하셨느니라'(행 1:5)

나는 개인적으로 방언을 받으려고도 궁금해하지도 않았다. 왜냐하면 방언에 대한 교육을 알지도 못했고 방언이 왜 필요하고 왜 해야 하는지에 대한 말을 들어본 적도 없었기 때문이다. 더군다나 항상 기도를 하면 하나님께서 응답을 주셔서 모든 문제가 해결되었기 때문에 필요를 못 느꼈다.

어느 순간 방언하시는 분이 교회 새벽 또는 주일예배 때 와서 기도하면 정말이지 듣기 거북하고 이상했다. 특히 새벽예배 때 불이 꺼지고 조용한 가운데 찬양만 잔잔히 흐르고 모두가 눈을 감고 속으로 기도하는데 누군가 방언기도를 시끄럽게 하면 순간 기도하면서 너무나 짜증이 났다. '자기만 기도하나.'라는 생각이 들면서 기도하다 내 기도가 혼동이 돼서 기도하다 말고 나도 모르게 순간 '어디까지 기도했지?'라는 생각이 들 때가 적지 않았다. 더군다나 난 이쁜 방언을 들어본 적도 없었고 방언이라고 들어본 건 죄다 괴상하고 언어라고 하기보다는 어눌하게 들려서 전혀 내가 할 거라곤 상상도 못했다.

그러던 어느 날. 쌍용 서비스센터를 하고 계신 권사님께 자동차 정비를 하러 갔다(지금은 쉐보레인데 그때 당시는 쌍용이었음). 늘 그렇듯이 자동차 정비를 하러 가면 카운터에 계신 권사님께 새벽기도 제목과 응답된 결과를 간증하면서 수다하기에 바빴다. 그러면서 이루어졌다고 너무 신나하며 살아 역사하시는 하나님을 찬양했다. 새벽기도 마치면 만나는 사람마다 간증을 했기 때문에 그날도 평소와 다를 게 없었다.

그러던 중 권사님께서 갑자기 내게 "집사님 방언 하죠?"라고 물어보셨다. 그래서 나는 "아니요? 방언 꼭 받아야 돼요? 안 받아도 기도하는 대로 다 응답 받는데요."라고 대답했다. 권사님께서 바로 "전화 통화하는 것처럼 하나님께서 직접 들으시는데 왜 방언을 안 받아요. 축복의 통로예요."라고 하셨다.

'방언을 말하는 자는 사람에게 하지 아니하고 하나님께 하나

니 이는 알아듣는 자가 없고 영으로 비밀을 말함이라'(고전 14:2)

정말 나는 너무 단순한 게 단어 하나에 꽂히면 그냥 한다는 것이다. 권사님의 '축복의 통로'란 말에 생전 받으려고 단 한 번도 생각해보지 않았던 방언이 그 순간부터 사모가 되기 시작했다. 그때 당시 나는 부흥목사님을 따라 산 기도 훈련을 받고 있었다. 호렙산 기도원이 산 중턱에 있기 때문에 산 기도를 하러 간다고 하면 호렙산을 말하는지 주변 사람들 모두가 알고 있었다.

너무 우스운 건 사람이 경험한 것까지밖에 모른다는 거다. 나도 그랬다. 방언을 받기 전. 방언을 하는 사람들이 죄다 이상해보였고 말이 어눌하게 들려 '저거 잘못된 거 아냐?'라는 생각까지도 했었다. 정말 무지했다. 성경을 그렇게나 읽고 성경에 기록되어 있는 방언을 내 스스로 이상하다는 이유로 거부하고 있었다. 정말이지 지금 생각해보면 축복을 걷어차고 있었던 것이다. '축복의 통로'란 권사님의 말을 듣기 전 부흥목사님께서 방언을 받아야 한다고 하신 말씀이 전혀 달갑지가 않았었다. 왜냐하면 나의 고정관념에 받고 싶지 않은 마음이 컸기 때문이다.

부흥목사님의 부흥회에 참석했던 어느 날도 목사님께서 계속 방언 받아야 한다고 하시며 방언 받는 타임에 내게로 오셨다. 나는 받기 싫은데 자꾸 받아야 한다고 받으라고 하시니 그때 할 수 없이 억지로 따라할 수밖에 없어서 하긴 했지만 방언을 받을 수가 없었다. 전혀 말 그대로 터지지가 않았다.

지금도 잊을 수가 없다. 방언을 진짜 받던 그날도 부흥목사님과 산 기도하러 호렙산에 갔다. 그 당시 나는 40일 작정기도 중이었고 방언이 '축복의 통로'란 말을 듣고 방언 사모한 지 일주일째였다. 또 방언이 사모가 된 계기가 부흥목사님의 방언 때문이었다. 여태껏 들어본 방언 중에 가장 이뻤다. 그래서 '저런 방언이면 나도 하고 싶다.'라는 생각을 처음으로 하게 됐고 권사님께서도 "이왕이면 이쁜 방언 달라고 하세요."라고 말씀을 미리 해주셨다. 하나님은 때를 따라 열매를 맺게 하신다. 나의 방언 받아야 될 때를 아셔서 정말 방언 받아야 한다는 말을 그 시기에 정말 많이 듣게 하셨다. 그래서 정말이지 새벽기도 중에 "아버지, 이쁜 방언요. 이쁜 방언 주세요. 이쁜 방언 꼭요."라고 구했다.

부흥목사님과 호렙산에서 2시간 기도를 하고 내려오려고 신발을 신는데 갑자기 목사님께서 오늘 방언을 받아야겠다는 것이다. 난 여느 때와 다르게 그 말씀이 아주 반가웠다. 그러면서 속으로

'나도 할 수 있을까? 나도 될까?'였다. 나는 다시 신발을 벗고(산 중턱에 돗자리를 깔고 기도해서 가끔 신발을 벗었다) 목사님께서 하라는 대로 눈을 감고 나름 신실하게 따라했다. 작정기도 중 내가 받고 싶어 하는 마음 때문인지 정말 너무 강력하게 받아서 '숨을 언제 쉬어야 하나?'라고 생각될 정도로 입과 혀가 내 의지와 상관없이 너무나 강하게 지 마음대로 움직이고 있었다. 쉴 틈도 없이 너무 강하게 발음이 나가서 침이 얼마나 튀었는지 모른다.

내 의지와 상관없이 내 안에서 강력하게 나가는 그 발음이 생소하지만 너무 기뻐서 한참 동안 했다. 너무 신기했다. 하나님께서 살아계신 것을 알았지만 그때만큼 또 살아계심을 강하게 느낀 적도 없었다. 하나님을 믿는 자녀는 성령의 언어, 방언을 말해야 한다.

'나는 너희가 다 방언 말하기를 원하나'(고전 14:5)

성령을 흔들어 깨우는 방언을 통해 성령 충만을 받아야 한다.

'방언을 말하는 자는 자기의 덕을 세우고'(고전 14:4)

난 결국 기도대로 '이쁜 방언'을 받았다. 하나님을 사랑하고 자신의 삶에 최우선으로 모신다고 하면서도 대부분 자신의 혼적인 생각과 사단의 방해로 방언 받는 것을 강하게 거부하는 분들이 계시다. 나도 그런 사람 중 하나였다. 하지만 방언을 받고 보니 진작에 빨리 받지 않았던 것이 정말 후회된다.

나는 방언 받고 집으로 오는 차 안에서 너무 감사하고 신기하여 큰 소리로 계속 계속 말했다. 그리곤 집에 도착하여 전화기를 들고 온 가족, 친구, 아는 모든 사람들에게 방언 받았다고 자랑하며 직접 해보기까지 했다. 정말 처음엔 나도 어눌하고 이상한 발음으로 방언이 나왔기 때문에 "그게 뭐야?"라고 웃는 사람도 있었다. 하지만 상관없었다. 너무 기뻤기 때문이다.

방언 받고 내 삶은 이전과 완전히 다른 삶을 살고 있다. 왜냐하면 방언을 사용하면서 환경으로부터의 자유가 내게 있게 되었기 때문이다. 방언 받은 지 13년이 되는 2019년 해이다. 우리 안에 계신 성령님은 나의 모든 것을 아신다. 나의 혼적인 생각이 열려 방언 받고 싶어 하는 것을 이미 아셨기에 내가 바로 받을 수 있었던 것이다. 지금은 내가 방언을 주는 사람이 되었다. 우리가 믿지 않는 자들에게 하나님의 생명을 전이하듯 그들이 하나님의 영을 받고 성령 충만을 받도록 돕는다.

'알지 못하는 방언을 말하는 사람은 자신을 세우나 예언하는 사람은 교회를 세우느니라'(고전 14:4, 한글킹제임스)

'그러나 너희 사랑하는 자들아, 너희의 지극히 거룩한 믿음 위에 너희 자신을 세우고 성령 안에서 기도하며'(유 1:20, 한글킹제임스)

우리가 방언으로 말할 때 능력이 작동된다. 또한 방언으로 기도할 때 영으로 나 자신을 충전하며 하나님의 능력을 휘젓게 된다. 나의 영을 건축하고(세우고) 하나님의 능력이 나와 함께 할 수 있도록 여는 것이다. 또 방언으로 말할 때 담대하게 되어 어떠한 상황이 닥치고 놓일지라도 아무것도 두렵지 않게 된다. 정말이지 귀신을 보고도 전혀 두렵지 않고 담대해진다. 모든 나의 능력에 탁월함도 더해진다. 성령님은 진리의 영이시기에 우리 안에서 하나님의 능력으로 탁월하게 기능하도록 우리를 도우신다.

'성령도 우리의 연약함을 도우시나니 우리는 마땅히 기도할 바를 알지 못하나 오직 성령이 말할 수 없는 탄식으로 우리를 위하여 친히 간구하시느니라'(롬 8:26)

하나님을 제한하지 않은 삶을 선택하십시오.

성령님을 풀어놓으십시오.

모든 것이 가능하여 내 삶이 초자연적으로 살게 됩니다.

방언을 거부하지 마시고 받아들이십시오.

앞으로의 삶은 이전과 완전히 다른 삶이 되며 성령의 능력이 풀어짐으로 무한의 기적을 체험하게 될 것입니다.

방언 Ⅱ

'오직 성령이 너희에게 임하시면 너희가 권능을 받고
예루살렘과 온 유대와 사마리아와 땅 끝까지 이르러
내 증인이 되리라'

(행 1:8)

어느 순간 나는 생각했다.

'방언 받으려면 수련회나 부흥회를 참석해야 하는데 시간이 없는 사람들은 그럼 평생 방언을 받을 수가 없는 건가.'

그래서 하나님께 구했다.

'아버지 제가 방언 주는 사람이 되겠어요. 시간이 없어 못 받는 분들을 제게 보내주세요. 어느 때, 어느 장소와 상관없이 저는 그들이 성령 충만 받도록 방언을 담대하게 주겠어요.'

하나님은 성경에 '너희가 무엇이든지 내 이름으로 구하면 내가 다 이루어주겠다'(요 14:14, 새 번역)라고 말씀하셨다. 내가 구하는 것은 이루어주시겠다는 약속이다. 나는 하나님의 자녀가 되고 하나님은 나의 아버지가 되신다. 그럼 된 것이다. 아무것도 두려움 없이 아버지께 구할 수 있다.

처음 방언 받고 싶어 하는 분을 만났을 때 순간 속으로 나는 하나님께 물었다.

"아버지, 제가 목사도 아닌데 그냥 집사인데 할 수 있나요?"

"걱정하지 마라. 할 수 있다."

몇 번을 물어봐도 하나님은 같은 대답이셨다.

그래서 호텔에서 정말이지 이불을 뒤집어쓰고 방언을 터지게 했는데 호텔 직원이 쫓아왔었다. 이상한 소리가 들린다고 카운터로 문의가 왔다며 확인차 올라와본 것이다. 엄청나게 큰 소리로 했기 때문에 이불을 뒤집어쓴 게 전혀 효과가 없었던 것이다.

한 번은 또 미국에 사는 조카에게 방언을 받을 수 있으면 부흥회 때 꼭 받으라고 강권할 때였다. 그날도 교제하며 통화하고 있었다. "이모 여기는 사람들이 너무 많아서 부흥회 갔는데 방언 주는 시간이 없어. 그런 말도 안 해."라고 말하는 것이다. 그때 하나님께서 "네가 줘라." 하신다. 순간 나는 잘못 들었는 줄 알고 '아버지 전화로도 받을 수 있어요?'라고 속으로 다시 물었다. 하나님께서 다시 "네가 줘라. 받는다." 하신다. 그래서 조카에게 "지혜야, 아버지가 전화로 가능하다고 주라고 하시는데 너 받고 싶어?"라고 하니 "근데 전화로 된대? 그럼 당연히 받지. 받고 싶어."라고 하였다.

조카는 전화로 5초 만에 받았다. 이어서 셋째언니 딸도 미국에서 통화 중 전화로 5초 만에 방언을 받았다. 이후 거리가 너무 먼 경우 전화로 방언 받으시는 분들이 많았다. 하나님은 장소와 위치를 초월하신다. 거기에 더 흥미로운 건 교단을 초월하여 장로교인, 감리교인, 천주교인 모두 다 받았다는 것이다.

그리고 그 다음엔 자동차에서 방언 받는 분들이 허다했다. 장소가 마땅치 않을 경우 자동차는 밀폐된 공간이기에 큰 소리로 한들 누가 신경 쓰겠나 싶어 자동차에서 방언을 주기 시작했다. 정말이지 3초, 5초 만에 다 받으셨다. 부흥회, 수련회 가셨다 10명 중 9명이 받고 1명이 못 받는다면 그 1명이 자기라고 하신 분들도 5초 만에 다 받으셨다.

어느 땐 먼 거리에 계신 분한테 요청이 와서 나는 전화로, 전화 요청하신 상대방은 자동차로 가서 방언을 받으셨다. 또 근무하는 근무지로 와서도 방언을 받고 가셨다. 어디든 방언을 받고 싶어 하시는 분이 계시면 기쁘게 달려갔다. 최근에 방언을 받으신 분 중 한 분은 교제 잠깐 하고 영접시키자 가슴에 따뜻한 뭔가 들어온 느낌을 받았다며 신기해했고 바로 방언 받고는 혀 끝에 불이 난 것처럼 뜨거웠다고 말했다.

'방언 말하기를 금하지 말라' (고전 14:39)

하나님은 정말 거리에 제한받지 않으신다. 더군다나 믿지 않는 자들을 만나, 교제하고 영접한 뒤 바로 방언 받을 수 있도록 이끄시는 성령님께 감사드린다. 나의 믿음을 존중해주신 하나님께 감사드린다. 할렐루야!

방언을 받고 가장 많이 달라진 건 나의 마음의 상태였다. 사람에겐 겉사람과 속사람이 있다. 심령에 숨은 사람이라고도 표현한다. 하나님 아버지는 영이시고 자녀인 우리도 영이 거듭나면서 영의 사람이 된다. 그렇기 때문에 속사람이 방언을 하면서 강건해져 얼굴빛이 환해지는 것이다.

'우리가 다 수건을 벗은 얼굴로 거울을 보는 것 같이 주의 영광을 보매 그와 같은 형상으로 변화하여 영광에서 영광에 이르니 곧 주의 영으로 말미암음이니라'(고후 3:18)

더군다나 바다와 같은 고요한 평안함이 나의 마음에 자리를 잡았다. 성령이 활성화 되어 마음의 평안함을 유지시켜 주시고 스트레스라는 혼적인 감정에 절대 흔들리지 않게 되었다. 정말 신기했다. 전에 스트레스가 됐던 모든 것이 멈춘 듯 감정의 요동이 생기지 않고 평안하게 모든 걸 받아들이게 됐던 것이다. 화가 나고 신경질이 나고 열 받아야 하는데 전혀 그런 감정이 생기지 않는 것이다. 처음엔 '이게 뭐지?'라고 생각했다. 기도에 응답을 늘 받으면서도 방언 받기 전엔 기복이 있었다. 좋았다 나빴다를 반복하고 감정도 오르락내리락 그러면서도 말씀과 기도로 다스려보려고 애를 썼다. 그런데 방언을 받은 후 방언기도 시간을 늘리면 늘릴수록 감정의 기복이라는 것이 사라졌다. 너무 행복했다.

정말이지 한국말로 죽어라 기도하고 눈 뜨면 10분. 반복해서 두 번씩 기도하고 길게 기도했다 판단하고 눈을 뜨면 20분. 근데 방언기도는 1시간, 3시간, 10시간도 거뜬하게 할 수 있고 하면 할수록 걱정 근심이 사라지면서 그냥 뭐라 설명할 수 없는 평안함에 그저 기분이 좋아도 좋아도 너무 좋았다. 그래서 청소하면서도 방언하고, 설거지하면서도 방언을, 걸어 다니면서도, 똥을 싸면서도, 운전을 하면서도 계속 방언을 하게 됐다. 입만 열고 소리만 내면 벌써 성령이 아서서 방언이 나왔다. 기도가 수월해져서 간신히 겨우 20~30분 하던 기도가 매일 2시간은 거뜬히 가능해졌다. 그러면서 나의 삶 속에 모든 일들이 형통했다.

'항상 기뻐하라 쉬지 말고 기도하라 범사에 감사하라 이것이 그리스도 예수 안에서 너희를 향하신 하나님의 뜻이니라'

(살전 5:16~18)

이 말씀이 가능해졌다. 전에 이 말씀대로 살아가려고 애를 썼다면 애를 쓰지 않고도 이 말씀이 저절로 내 삶에 자연스럽게 나타났다. 방언은 사람의 성장기와 비슷하다. 처음엔 옹알이하듯 한 단어, 두 단어만 계속 나가다 사용하면 할수록 더 많이 방언을 말하면 말할수록 단어가 생긴다. 그리고 쉬지 않고 매일 사용하게 되면 어느 순간 고급스러운 말로 변화된다. 우리가 어른이 되면 말의 표현이 달라지는 것과 같다. 무슨 말인지도 모를 방언 안에 내가 하고 싶어 하는 모든 기도가 나도 모르는 비밀스런 기도를 성령님께서 내 대신 하나님께 하고 계신다. 개인적으로 나는 여러 말의 방언을 한다. 기본적인 나의 방언이 있다면 어느 땐 중국 방언, 아프리카 방언, 프랑스 방언 등 그 외에도 정말 신기하게 여러 나라 말로 나가기도 한다.

영적 웃음도 있다. 방언 하다보면 어느 땐 속에서 참을 수 없는 즐거움의 웃음이 연이어 터지기도 한다. 이런 상태는 육신적인 웃음이 전혀 아니다. 특히 내겐 좋은 일이 있으려고 할 때 영적 웃음이 나오기도 하고 높은 고음의 소프라노 영가(방언찬양)도 나간다. 그럴 땐 그냥 성령님께 나를 온전히 내어드린다. 참 신기하지 않는가. 저자의 방언은 대부분 방언을 사용하시는 분들도 부러워하는 이쁜 방언이다. 하나님께 감사드린다. 할렐루야!

다른 분들이 방언을 사모하게끔 내 자신이 도구가 될 수 있음에 감사하다.

방언을 받으신 대부분의 사람들은 받은 직후 많이 우신다. 자기도 모르게 그냥 눈물이 쏟아진다. 살아온 세월이 힘드신 분들이 더 잘 우신다. 왜냐면 성령님이 치유하시고 말 그대로 정화하시기 때문이다. 치유는 하나님의 뜻이다. 하나님께서 "내가 늘 너와 함께 했었다."라고 말씀을 해주셔서 상대방에게 전달해 줄 때마다 나도 옆에서 같이 눈물이 난다. 하나님은 한 번도 우리를 떠나신 적이 없으시다. 내가 무엇을 하든 항상 나와 함께 하신다. 성령이 내 안에 살아계셔서 늘 하나님이 나와 동행하신다. 어디를 가든 나를 통해 보시고 말씀하신다.

내가 교회에 열심히 다니고 좋은 선한 일을 해서 옆에 계시고 내 멋대로 내 맘이 내킬 때 교회에 나가고 이기적인 일을 한다고 해서 떠나시는 아버지가 아니시다. 우리는 하나님 안에서 변화된다. 우리 안에 있는 하나님의 생명과 사랑이 있기 때문이다. 무엇보다 가장 좋은 건 나 혼자 끙끙거릴 필요가 없다는 것이다. 하나님께 누구든 기도할 수 있다. 자신의 직장, 재정, 건강, 배우자 등 모든 문제를 하나님께 맡길 수 있다. 하나님을 믿는 자라면 방언을 사모하고 받기를 강권한다. 사도 바울은 말했다.

'내가 너희 모든 사람보다 방언을 더 말하므로 하나님께 감사하노라'(고전 14:18)

성령 체험을 하고 싶은가? 그렇다면 방언 받기를 주저하지 말고 지금 바로 받길 권한다. 우리의 영과 혼이 열려 3초도 안 돼 받을 것이다.

은사

'어떤 사람에게는 성령으로 말미암아 지혜의 말씀을,
어떤 사람에게는 같은 성령을 따라 지식의 말씀을,
다른 사람에게는 같은 성령으로 믿음을,
어떤 사람에게는 한 성령으로 병 고치는 은사를,
어떤 사람에게는 능력 행함을,
어떤 사람에게는 예언함을,
어떤 사람에게는 영들 분별함을,
다른 사람에게는 각종 방언 말함을,
어떤 사람에게는 방언들 통역함을 주시나니'
(고전 12:8~10)

방언은 은사의 시작이다. 성령님께서 그의 뜻대로 각 사람에게 나누어주신다고 하셨다(고전 12:11). 나의 경우, 은사(gift)는 감사한 선물이다. 나의 삶에 기적이 일상이 되었다. 은사가 뭔지도 모르다 방언을 받은 후 내 인생은 완전히 달라져 이전의 믿음 생활처럼 할 수 없었다. 나 자신도 모르게 점점 더 하나님께 가까이 다가가고픈 간절한 마음이 생기고 영적 지식에 대한 갈급이 무엇보다 강해졌다.

개인적으로 30대 중반 부흥목사님께 1년 넘게 훈련을 받으며 많은 영적인 것을 보고 배우게 되었다. 그래서 어느 땐 호렙산 야산에서 야밤 10시부터 12시까지 둘이 기도하고 내려오는 일도 많았고 평소 낮 2시간은 꼭 기도시간을 함께 가졌다. 정말 뒤돌아보면 귀한 시간이었다. 그런 기회를 주신 하나님께 정말 감사하다. 때를 따라 하나님은 언제나 내가 궁금한 것에 대한 해답을 제시해주셨다.

가장 먼저 방언을 시작으로 바뀐 것이 기도였다. 조용히 눈을 감고 기도하는 오랜 습관에서 벗어나 큰 소리로 아버지께 부르짖으며 하는 기도로 바뀌면서 입을 다물고 기도하는 것이 답답해지기 시작했다.

'너는 내게 부르짖으라 내가 네게 응답하겠고 네가 알지 못하는 크고 은밀한 일을 네게 보이리라'(렘 33:3)

사람이 참 간사하다. 방언 받기 전. 기도하러 산에 가면서도 간신히 조용조용 나만 알아들을 수 있게 기도했었다. 근데 큰 소리로 기도하라고 다그치는 부흥목사님 목소리를 들으며 용기를 내서 조금씩 목구멍을 열어 소리를 내게 됐다. 처음엔 정말이지 입을 크게 벌려 소리내서 기도하자니 한 번도 해본 적이 없어서 어려웠다. 자꾸 상황이나 옆에 계신 목사님을 의식하게 되고 통변(통역)하시는 목사님이라 내가 하는 기도를 알아들을까봐 또 신경도 쓰였다.

그러다 어느 순간부터 큰 소리로 기도하는 게 좋아졌다. 특히나 방언으로 기도하니 목사님 외에는 무슨 말을 하는지 알지 못하니 기도를 마음껏 신나게 할 수 있었다. 또 마음에 답답함이 사라지면서 상쾌해지는 것이다. 속이 다 후련해졌다. 지금도 "주여!" 큰 소리로 외치면 가슴이 뻥 뚫리게 좋다. 사실 하나님은 항상 작은 목소리든. 큰 목소리든 우리가 하는 기도를 다 들으신다. 무엇보다 가장 좋은 건 방언으로 하는 기도는 하나님만 아신다는 거다. 사단은 알지 못한다.

그래서 지금은 방언을 주고 꼭 약속을 받아내는 것이 매일 30분은 기본으로 방언기도, 할 수 있으면 매일 2시간씩 하라고 강권하고 특히 한국말로 하지 말고 방언으로만 하라고 말해준다. 왜냐하면 한국말로 하면 사단이 다 엿들어서 내 기도를 방해하기 때문이다. 무슨 말인지 모른다고 답답해하지 말라고 말해드린다. 방언을 받아놓고도 무슨 말을 하는지 몰라 사용하지 않는 분들을 너무 많이 주변서 봐왔기 때문이다.

그리고 혼자 방언하니 안 된다고 하시는 분들도 있다. "될까?"라는 의심을 하는지 자신을 보라. 불신자의 위치에 자신을 두어서는 안 된다. 성령님이 내 안에서 활성화하여 내 삶 속에 나타나는 것을 기뻐하신다. 또한 방언기도 20분이 1시간의 효과가 있다면 해볼 만한 가치가 있지 않은가.

내가 어떤 말을 하는지 모르지만 방언으로 기도하면 내가 하고 싶은 기도보다 훨씬 더 많이 성령님께서 알아서 기도해주신다. 예를 들면 어느 책에서 읽은 내용이다. 간략하게 말하자면 주인공 여자분이 쇼핑을 하러 백화점을 갔는데 갑자기 방언기도가 하고 싶어 주변 사람들을 의식하지 않고 방언기도를 했다는 것이다. 그 와중에 옆집 사는 아주머니가 자기를 먼저 알아보고 아는 척하며 쇼핑 다 끝나서 집으로 갈 건데 볼일 다 끝났으면 같이 가자고 제안을 했다는 거다. 특별히 볼일이 없어 같이 가겠다는 제안을 수락했다. 평소보다 이른 귀가였다. 근데 어떤 일이 있었을까. 집에 들어가면서 주인공은 놀랐다. 도둑놈이 평소보다 일찍 들어오는 걸 보고 도망가기에 바빠 훔친 물건을 거실에 그대로 두고 갔다는 것이다. 할렐루야!

이렇게 하나님은 우리의 모든 것을 지켜주신다. 내가 사랑하는 사람이 다급하거나 위급한 상황에 처했다면 성령님께서 아시고 방언을 하도록 나를 일깨우신다. 그들의 위급상황에 돕는 자나 천사를 통해 돕기 위해서다.

교회 내에서도 한 번은 이상한 이야기를 들은 적 있다. 사단의 방언도 있다는 것이다. 개인적으로 이런 말이 어디서부터 시작됐는지 의심스럽다. 방언을 처음 하게 되면 어줍은 이상한 소리로 나가는 경우가 맞다. 더군다나 성령님은 어찌나 세밀하신지 방언도 성향대로 주신다고 나는 생각된다. 성향이 강하신 분은 강하게 받고 온순한 분은 조금 더 부드럽게 받아 들기가 나쁘지 않다. 특히 자신의 삶 가운데 귀신. 마귀의 방해를 받는다면 성령님이 쫓기 때문에 방언이 세게 나갈 수밖에 없다. 개인적인 생각이지만 그럴 때 방언이 듣기 싫고 세게 나가기 때문에 사단의 방언이라고 말한 게 아닌가 하는 생각을 해본다. 자신의 판단으로 방언을 안 좋게 생각하는 분이라면 지금 결단하여 먼저 방언을 받아보시길 바란다.

영적 과정이 있다. 영적 성장과 영적 성숙은 세월이 걸린다. 결론은 하나님의 축복인 방언을 사단이 미혹하여 받지 못하게 하는 것이라 개인적으로 생각한다. 마귀에게 틈을 주어서는 안 된다(엡 4:27). 받고 싶지 않은 마음에 어디서 사단의 방언이 있다고 듣고 자신의 마음과 부합하여 그렇게 시인하고 말한다면 마귀가 더 받지 못하도록 나의 생각을 통해 미혹하지 않겠는가 말이다.

> '우리는 하나님께 속하였으니 하나님을 아는 자는 우리의 말을 듣고 하나님께 속하지 아니한 자는 우리의 말을 듣지 아니하나니 진리의 영과 미혹의 영을 이로써 아느니라'(요일 4:6)

방언은 하나님의 자녀만이 아버지와 소통, 대화할 수 있는 특별한 언어다. 하나님께서 성령님을 통해 우리에게 아버지와 소통할 수 있는 언어, 방언을 할 수 있도록 내 안에서 역사하심을 찬양한다. 할렐루야!

내가 방언을 사용하며 가장 먼저 열린 은사가 환상의 은사이다.

방언을 받고 3주 만에 열렸다. 처음 환상을 본 것도 캄캄한 야밤에 돗자리 위에 앉아 나무 틈사이로 보이는 달빛과 별빛을 벗 삼아 목사님과 기도하고 있을 때였다. 밤 11시나 12시로 기억된다. 사실 개인적으로 그때 몹시 하고 싶었던 일이 있었는데 티켓팅을 10회까지 하기는 썩 내키지 않아 5회만 하고 싶어 생각만 하던 게 있었다. 그런데 그 야밤에 기도하면서 그 생각을 한 것도 아니고 그 기도를 한 것도 아니었다. 기도 중 갑자기 모르는 낯선 하얀 의사 가운을 입은 여자가 나한테 마주보고 웃으며 흰 접시에 올려져 있는 보름달 빵을 칼로 반으로 쪼개 나한테 내밀며 주는 것이다. 나는 순간 기도하다 '이거 뭐지?'라고 생각하여 옆에 앉아서 큰 소리로 기도하고 계신 목사님께 여쭤보니 환상이 열렸다고 말씀해주시는 것이다.

응답이었다. 내가 반만 하고 싶었던 것에 대한 정확한 응답이었다. 성령님이 미리 알려주신 것이다. 아직 직접 문의를 하지 않은 일이었기 때문에 미리 보여주신 응답을 믿고 이틀 뒤 직접 가서 여쭤보았다. 5회 가능하다는 확답을 받을 수 있었다. 미리 보여주신 응답 그대로였던 것이다. 난 너무 신기하고 기뻐서 하나님께서 이렇게도 응답해주신다고 가족들에게 자랑을 했다. 기도에 대한 발전이 새롭게 계속 증진되고 있었다. 하나님을 믿는 자는 누구나 하나님 아버지에 대한 증인이 되어야 한다.

'너희는 더욱 큰 은사를 사모하라 내가 또한 가장 좋은 길을 너희에게 보이리라'(고전 12:31)

그 일이 있은 뒤 많은 변화가 있었다. 기도에 대한 나의 생각의 변화. 하나님께 직접 물어보고 응답받고 내 삶 속에 온전히 적용하기 시작했다. 삶이 새롭게 다가오고 아무것도 두렵지가 않았다. 왜냐하면 기도하면 하나님이 응답을 보여주시니 앞일에 대한 걱정이나 근심은 자취도 없이 사라지고 무엇이든지 간에 무조건 작은 일부터 큰일까지 하나님께 계속 물어보기 시작했던 것이다.

내가 내 마음대로 결정하기보다 앞서 하나님께 어떻게 해야 하는 게 가장 성공적이고 승리하는지 하나님은 나의 미래까지도 아시기 때문에 가장 좋은 길을 예비하셨다는 걸 알기에 하나님께서 알려주시는 길로 가고자 담대히 결단했다. 그러자 점점 더 환상에 대한 해석이 무엇보다 중요하다는 걸 깨닫게 됐다. 그래서 은사에 대한 온갖 책을 뒤지고 찾기 시작했다. 무조건 책을 사서 보기 시작했다. 대부분 겉핥기 책도 많았고 내가 추구하는 것과 다른 내용인 것도 많았다. 더군다나 그때 당시 이 책, 저 책을 다 봐도 깊이 있게 누군가 기록한 게 전혀 없었다. 나는 하나님께서 보여주신 환상과 어떻게 그 일이 나타나는지 기록하기 시작했다. 7년간 기록했다.

결과가 어떻게 나타나는지 말이다.

그렇게 나는 호렙산 기도원을 찾아 열심히 기도하기 시작했다. 겨울엔 혼자 두툼한 거위털 잠바에 방석에 무릎담요까지 들고 눈이 쌓인 오솔길을 올라가 눈이 덜 쌓인 곳에 방석을 깔고 나뭇가지가 앙상한 나무를 내려다보며 2시간씩 기도했다. 호렙산에 매일 기도하러 갈 때마다 "어디 가?"라고 물어보면 "아버지한테 기도하러." 라고 늘 같은 대답이었다.

개인적으로 미국 LA에 계신 한덕수 목사님께서 본 교회에 부흥회를 하러 오래전에 오셨던 적이 있었다. 그때 은혜를 받고 한덕수 목사님께서 쓰셨던 책 두 권을 3번씩 읽었다. 한덕수 목사님은 충남대 법대 교수셨는데 교환교수로 미국에 가시면서 신학을 하셔서 목사님이 되신 분이시다. 그때 당시 LA 할렐루야 한인교회 담임목사님이셨다고 들었다. 14년 전 이야기다.

목사님께서 쓰셨던 책 내용에 예수 권세를 사용하는 방법에 대해 자세히 기록된 부분이 있다. 난 방언 받기 전부터 성경책 그대로 모방하여 쫓는 기도를 많이 하고 있었는데 책을 읽은 뒤 더 세밀하게 향상되어 그 효과가 매우 컸다. 그래서 호렙산 기도원에 가서 기도할 때마다 묶고 푸는 기도를 정말 많이 했다.

'무엇이든지 너희가 땅에서 매면 하늘에서도 매일 것이요 무엇이든지 땅에서 풀면 하늘에서도 풀리리라'(마 18:18)

특히 가장 사랑하는 가족들을 위해 기도하는 게 우선적이었다. 누구나 가장 좋은 걸 알면 또 가장 먼저 생각나는 것이 사랑하는 가족이다. 사랑하는 가족을 위해서 못할 것이 없다. 그리고 호렙산에서 가족들을 위해 기도한 모든 것이 다 이루어졌다. 기도한 것을 하나님께서 들으시는 줄 믿기 때문이다.

처음 환상으로 응답 받은 뒤 기도하기만 하면 하나님께서 문제에 대해 응답을 바로 알려주셨다. 그 당시 미국 콜로라도에 사는 큰언니 이사 문제와 여동생의 이사 문제가 겹쳐 있었다. 좋은 집을 찾아야 한다는 생각뿐이었다. 호렙산에 올라가 기도하다 목이 탈까봐 물을 옆에 놓고 부르짖으며 기도하니 배고플까봐 간식거리를 옆에 놓고 기도하기 시작했다. 눈 감고 기도하자마자 하나님께서 환상으로 보여주셨다.

큰언니 집 기도를 하자마자 울퉁불퉁한 맨 땅에 형형색색의 비단이 그 땅을 둘러 앞에 집채만 한 리본을 묶은 것이 길게 늘어뜨려져 있는 걸 보여주셨다. 그래서 큰언니한테 미국에 전화하여 "큰언니 아버지가 선물로 주실 땅이 있어. 그 땅을 찾아야 돼."라고 말해 줬다. 어떻게 되었을까?

축복의 땅을 받으려니 중간 중간 사단의 방해가 정말 있었다. 그래도 우리는 굴하지 않고 계속 찾았다. 하나님께서 보여주신 땅의 크기가 있었기 때문에 언니와 전화통화를 하며 그 집을 계속 찾았다. 그 축복의 땅이 지금 큰언니가 살고 있는 600평의 2층 집이다. 할렐루야!

하나님께서 예비하신 그 집에서 축복을 받으며 살고 있다. 큰언니의 기도 뒤 여동생의 기도도 바로 응답으로 보여주셨다. 여동생의 집 기도엔 쇼핑백에 하얀 백설기 떡을 두 개 담는 것을 보여주셨다. 그래서 또 여동생에게 기도 중 받은 것을 빨리 말해주기 위해 전화했다. 여동생이 아파트를 보러 다녔기 때문이다. 미분양 아파트가 있어서 그곳에 가본다는 여동생에게 "아버지가 주실 집이 있어. 잘 찾아봐."라고 말해줬다. 결론은 성령님의 인도와 천사의 도움이 있었다.

분양관리소에 가서 마음에 드는 집을 선택하여 그 집으로 하겠다고 하자 직원이 하는 말이 "어머. 이 집 나갔는 줄 알았는데 안 나갔었네."라고 혼잣말로 했다는 것이다. 구약 아브라함의 사촌 롯의 사건처럼 여동생이 본 아파트는 천사가 다른 사람들이 그 집을 보지 못하도록 하는 은혜로 결국 여동생네 집이 되었다. 또 어떻게 됐을까? 그 집에서 많은 발전을 이루며 화목하게 잘 살고 있다.

'내가 너로 큰 민족을 이루고 네게 복을 주어 네 이름을 창대하게 하리니 너는 복이 될지라' (창 12:2)

축복은 하나님께서 우리에게 주신 선물이다.

'하나님께 가까이 함이 내게 복이라' (시 73:28)

하나님의 선물인 은사는 복음(기쁜 소식)을 위해 귀하게 사용되어져야 한다. 개인적으로 은사의 경험을 통해 하나님께서 우리의 성공과 승리와 형통을 얼마나 기뻐하시는지 알게 되었다. 성령의 능력을 제한하면 안 된다. 일부 신비주의로 내세워 성령의 능력을 제한하는 경우를 많이 봐왔다. 하지만 내 자신의 삶 속에서 하나님의 존재가 실재가 되어 나타났고 그로 인하여 하나님께 더 가까이 다가갈 수 있었다. 은사를 잘 훈련하여 귀하게 쓰임 받음으로 하나님께 더 큰 영광을 돌릴 수 있다. 사람들을 섬기고 도움으로 그들을 세우는 데 귀하게 쓰여져야 한다.

'네 속에 있는 하나님의 은사를 다시 불일듯 하게 하기 위하여'(딤후 1:6)

은혜

'우리가 다 그의 충만한 데서 받으니 은혜 위에 은혜러라'
(요 1:16)

은혜를 어학사전에 찾아보면 '사랑으로 베풀어주는 신세나 혜택'. 지식백과에서는 성경에는 보통 하나님이 값없이 베푸시는 선물. 특별히 아무런 조건 없이 죄인을 용서하고 구원과 영생을 주시는 하나님의 초월한 사랑의 뜻으로 사용된다고 기록되어 있다.

'너희는 그 은혜에 의하여 믿음으로 말미암아 구원을 받았으니 이것은 너희에게서 난 것이 아니요 하나님의 선물이라'
(엡 2:8)

우리는 늘 '하나님의 은혜를 값없이 받았다.'라고 말한다. 항상 '은혜로 산다.'고 말한다. 은혜는 내가 하나님을 믿기만 하면 주어지는 것이다. 그러면 넘치는 은혜의 풍성함을 직접 체험할 수 있다. 왜냐하면 하늘에 속한 모든 신령한 복을 우리에게 이미 주셨다고 말씀하기 때문이다(엡 1:3).

삶 속에서 매순간 하나님의 은혜라고 생각하는 순간 또 모든 것이 달라진다. 감사할 때마다 감사가 넘치게 되는 것과 같다. 오래전 얘기다. 아부지가 예수를 영접하고 세례를 받고 헌금 헌신도 하셨지만 80세 가까운 연세다보니 사회적인 고정관념이 강하게 뿌리 박혀 성경말씀에 근거하여 생각하기보다 자신의 연륜과 경륜에 의지하여 삶의 잣대를 말씀하셨다. 예를 들면 나는 생명은 하나님께서 주관하신다라고 한다면 아부지는 인명은 재천이라고 하는 속담으로 하셨다.

어느 날 엄마한테 아침 8시에 전화가 왔었다.
"니네 아부지가 안 쓰던 이북 말을 새벽 3시부터 쓰고 있는데 좀 이상한 거 같아."

나는 즉시 전화를 끊고 둘째언니한테 전화를 하자 바로 엄마한테 언니가 전화하여 응급실로 빨리 가보라고 했다. 그 뒤부터 정말 긴박하게 흘러갔다. 짧게 말하자면 아부지가 뇌경색으로 혈관이 터져 5시간이 넘어 위험하다는 진단 결과였다. 아버지가 구급차로 급히 병원 응급실에 실려 도착했을 때가 10시쯤 됐다. 5시간이 넘은 것이다.

그 말을 듣고 가족들이 총출동하여 대학병원으로 달려갔다. 그때 응급실 침대에 누워계신 아부지가 정말 낯설었었다. 호랑이 같은 아부지가 온순한 양이 되어 계시는데 마비가 와서 "오른손 올려보세요."라고 하면 왼손을 들고 말도 부정확하여 무슨 말인지도 모를 이상한 말만 하고 계셨다. 아부지도 귀가 있어 본인의 말소리가 이상하게 들리니 성질이 워낙 불같았던 아부지는 얼굴이 빨개져 화를 못 참고 계셨다.

대전으로 오는 길 나는 운전하며 차 안에서 소리소리 부르짖으며 방언기도를 했다. 누구나 사랑하는 가족 특히 부모님께 위급한 상황이 발생된다면 기도를 모르는 사람도 하나님께 기도할 것이다. 눈물이 마구 쏟아져서 앞이 잘 보이지 않았다. 다행인 건 캄캄한 저녁이라 밖에선 전혀 보이지 않았다는 것이다.

한참 동안 방언기도를 하는데 갑자기 "걱정하지 마라. 나의 뜻이 있다."라고 하는 음성이 들렸다. 이때가 처음으로 하나님의 음성을 정확하게 들은 때였다. 정말 너무나 부드럽고 평안한 따사로운 음성이었다. 순간 나는 하나님의 음성을 들어 놀랍기도 하면서 '내가 잘못 들었나?'라고 생각했다. 의심쩍은 내 마음에 다시 한 번 확신을 주듯 똑같이 "걱정하지 마라. 나의 뜻이 있다."라고 말씀하시는 것이다.

그때부터 나는 눈물이 조금씩 줄어들고 방언기도도 편안하게 했다. 하나님의 걱정하지 말라는 그 말씀에 힘을 얻어 나는 멈추지 않고 계속 방언기도를 했다. 가족들 모두 밤새 잠을 안 자고 아부지 기도를 했다. 그리고 가족들이 아는 모든 목사님 11명이 함께 기도해주셨다.

'진실로 다시 너희에게 이르노니 너희 중의 두 사람이 땅에서 합심하여 무엇이든지 구하면 하늘에 계신 내 아버지께서 그들을 위하여 이루게 하시리라'(마 18:19)

참고로 나는 부흥목사님을 통해 많은 선교사, 목사님을 알게 되었다. 부흥회 참석을 하며 목사님과 선교사님의 특별한 은사를 경험할 수 있었는데 그분들의 은사가 내게도 나타났다. 아무튼 그 다음날 아침 새벽기도 하러 셋째언니와 함께 교회로 향했다. 항상 가족들 모두가 다급하면 새벽기도 하러 교회로 먼저 달려갔다. 하나님이 계셔서 너무 감사했다. 나의 기도를 들으시고 계시니 얼마나 감사하던지.

둘이 부르짖으며 기도하니 교회 분들이 좀 놀라신 거 같았다. 특히 셋째언니는 눈물을 못 참고 흐느끼며 기도하고 있었으니 평소와는 완전히 다른 모습이었다. 시간이 한참 지난 후에 권사님께 들어보니 다들 "집에 무슨 일 있는 거 아냐?"라고 하셨다고 한다. 언니 옆에서 기도를 시작하자마자 바로 하나님께서 "걱정하지 마라. 나의 뜻이 있다. 살아날 것이다."라고 다시 말씀을 해주셨다. 나는 그 뒤부터 울지 않았다. 기도하면서 감사한 마음에 평안하기만 했다. 눈물도 나지 않고 정말 평안 그 자체였다. 걱정할 게 전혀 없었다. 하나님께서 그렇다고 말씀하시기 때문이다.

'평안을 너희에게 끼치노니 곧 나의 평안을 너희에게 주노라 내가 너희에게 주는 것은 세상이 주는 것과 같지 아니하니라 너희는 마음에 근심하지도 말고 두려워하지도 말라'(요 14:27)

아부지의 상황은 악화되어 미국에 사는 큰언니가 급히 한국에 들어왔다. 아부지가 돌아가시는 줄 알았기 때문이다. 의사 말이 96%가 진행되어 약물도 이 이상이 없어 나아지는 기미나 효과가 없다면 일주일 내 팔, 다리 마비가 오면서 돌아가신다는 것이다. 4%의 가능성만 남았고 마지막 수단은 수술이었다. 이런 결과에도 나는 마음이 너무 평안했다. 셋째언니도 내게 하나님께서 해주신 말씀에 관해 듣고는 이전과 다른 평안함을 유지하며 묵묵히 기도하고 있었다. 하나님의 말 한마디에 이렇게 달라질 수 있나 싶을 정도지만 정말 그렇다. 하나님의 말 한마디에 모든 것이 해결됐다.

수술하는 날 아부지는 수술실로 들어가시고 나와 엄마는 아부지의 병실에 앉아 방언기도를 했다. 수술이 4시간 걸린다고 했기 때문에 수술이 잘 마칠 때까지 길게 기도해야 했기 때문이다. 방언기도를 계속 엄마랑 나란히 앉아 기도하는데 갑자기 내게 환상이 열렸다. 아부지가 수술 받는 그 상황이 보여지면서 아버지의 수술대 주변에 하얀 빛의 천사들이 둘러 지키고 있는 게 아닌가. 천군천사가 옹위하여 지킨다는 표현이 여기에 딱 맞을 것이다.

'여호와의 천사가 주를 경외하는 자를 둘러 진 치고 그들을 건지시는도다'(시 34:7)

하나님께 너무 감사해서 감사 눈물이 났다. 얼마나 감사한지 "아버지 감사해요."가 절로 나왔다. 지금은 그 수술이 더 발달됐겠지만 그때 당시 수술이 정말 위험해서 조금이라도 움직이면 죽는다고 들었기 때문에 그 수술이 얼마나 정밀한 수술인지 알게 됐다. 더군다나 4시간 걸린다는 수술이 2시간 만에 완벽하게 끝났다. 이때도 재미있는 건 2시간 다 될 즈음 엄마랑 여전히 앉아서 기도하고 있는데 다시 하나님께서 음성으로 "다 끝났다."라고 말씀하시는 것이다. 나는 시계를 봤다. 2시간이 더 남았던 것이다. 그때 병실의 전화벨이 울려 엄마가 받았다. 엄마가 놀라며 "수술이 지금 끝났데."라고 말씀하시는 거다. 정말 놀라웠다. 아부지는 수술 후 기적처럼 2주 만에 퇴원해서 이전보다 더 건강해지셨다.

하나님을 알지 못하는 친오빠의 친구는 그때 병실에 문병 오면서 말씀하시길 친구가 뇌경색으로 쓰러졌는데 3년이나 지난 지금도 식물인간처럼 그대로 있다는 것이다. 그러면서 이건 기적이라고 말했다. 또 하나의 기적은 아부지가 수술 받기 전 병실에서 제천에 계신 목사님 내외분이 찾아오셔서 치유기도를 해주셨는데 그때 목사님께 엄마와 셋째언니가 병원 병실에서 방언도 받았다. 할렐루야!

이때도 병원 직원들이 쫓아왔다. 믿는 자들은 장소에 상관없이 하나님 일하기를 기뻐한다. 혹시라도 병원에서 누군가 기도하는 소리가 난다면 치유기도 하는가 보다라고 생각해주면 좋겠다. 난 목사님께서 아부지 치유기도를 할 때 한참 떨어진 거리에서 진정으로 서 있기만 했는데 하늘에서 벼락처럼 전기가 내 몸을 머리에서 발끝까지 관통하더니 겨드랑이의 멍우리가 깨끗하게 없어지는 치유를 받으면서 기도하면 낫는 신유도 나타났다.

하나님을 믿는 사람은 기적을 늘 체험한다. 믿는 자는 하나님의 기적의 영역에 살고 있다는 걸 아는가. 그 뒤 아부지는 하나님 아버지께로 가시기 몇 달 전 갑자기 기침이 잦아 병원을 다시 찾았고 정밀검사를 받으셨다. 폐암 말기였다. 통증도 없으셨고 일상생활에 불편함이라곤 전혀 없이 잦은 기침뿐이었다. 어렸을 때부터 아부지가 기침은 있으셔서 가족들 모두가 대수롭지 않게 생각했다. 남동생의 권유로 병원 가기 싫어하시는 아부지를 데리고 병원을 찾았던 것이다.

아부지는 병원에 며칠 계시더니 답답하다며 집으로 가고 싶어 하셨고 집에서 여느 때와 다름없이 잘 지내셨다. 돌아가실 때까지 통증도 없었다. 이 또한 하나님의 은혜였다. 많은 자식들이 아부지를 위해 수세월 기도한 결과였다.

> '내가 하나님의 아들의 이름을 믿는 너희에게 이것을 쓰는 것은 너희로 하여금 너희에게 영생이 있음을 알게 하려 함이라'(요일 5:13)

아부지는 뇌경색 이후 5년 더 사시고 하나님께 평안히 가셨다. 그래서 장례식장에서 난 울지 않았다. 화장도 이쁘게 하고 웃었다. 장례식장에 찾아온 나를 아는 직장 후배가 내게 물었다.

"선생님 그건 가요?"

"그렇지. 아부지가 천국 가셨으니까. 지옥 가셨으면 나 울었을 거야. 하나님과 함께 계시니 걱정 없어."

모든 사람들, 교인들까지도 이상한 딸로 봤다. 울지 않는 딸이었으니까. 발인 때도 아부지를 화장하는 순간에도 '저 높은 곳을 향하여' 찬송가를 부르며 방언 찬양하며 방언기도를 했다. 누가 있든 전혀 아랑곳하지 않았다. 친척, 친지 모두가 다 나를 이상하게 봤다. 하나님이 함께 계셔서 아무것도 두려워할 게 없었다. 우리 믿는 자들은 하늘의 시민권자다. 내일 당장 죽어도 두렵지 않은 것이다. 내 기도대로 아부지는 하나님 아버지께 잘 가셨고 나도 죽으면 아부지를 만난다. 그래서 그때 조카에게 말했다.

"나 죽으면 신나는 찬양곡 틀고 이쁜 옷 입고 춤 춰. 지옥 안 가고 하나님 아버지한테 가니까. 하나님 믿는 사람은 장례식이 슬픈 게 아냐. 기쁜 거지."

'너희가 어찌하여 떠들며 우느냐 이 아이가 죽은 것이 아니라 잔다 하시니'(막 5:39)

전도

'이를 위하여 나도 내 속에서 능력으로 역사하시는 이의
역사를 따라 힘을 다하여 수고하노라'
(골 1:29)

믿는 자에게는 세상 사람들에게 없는 것이 있다. 성령의 기름부음이다. 앞서 살펴본 바와 같이 방언은 내 안의 성령을 활성화시켜 우리를 형통케 하고 우리 자신을 세워주신다.

'자녀들아 너희는 하나님께 속하였고 또 그들을 이기었나니 이는 너희 안에 계신 이가 세상에 있는 자보다 크심이라'(요일 4:4)

언급되었던 것처럼 저자는 영적으로 조금씩 앞으로 발을 내딛고 나아갈 때마다 성장될 때마다 점점 더 많이 만나는 사람들에게 "하나님 믿어보세요. 정말 좋은 일들이 많아요. 축복 받으세요."라는 말로 간증하고 전도했다. 내가 믿는 하나님을 그들도 알고 그들도 환경 속에서의 힘듦이 하나님을 의지하며 하나님께 맡김으로 그들도 삶의 노고로부터 잠시 쉼을 얻고 힘을 얻길 바랐다.

'수고하고 무거운 짐 진 자들아 다 내게로 오라 내가 너희를 쉬게 하리라'(마 11:28)

하나님을 의지하는 게 얼마나 좋은지 하나님의 축복의 선물을 나누고 싶었다.

'마음이 즐거운 자는 항상 잔치하느니라' (잠 15:15)

저자의 직업은 어린이집 교사이다. 직업 역시 하나님께서 환상 중 큰 축복으로 보여주셔서 전혀 할 거라고 꿈도 안 꾸고 예상치도 않았던 직업이었다. 어린이집 교사를 배출하는 전공의 대학교 학과장이었던 언니가 어린이집 이야기를 많이 했고 해보라고 잘할 거라며 10년간 설득했었다. 언니 말은 귀담아 듣지도 않고 10년 세월이 지났다. 근데 결국 하나님께서 축복으로 보여주신 응답이 계기가 되어 사실 하고 싶지 않은 일을 하게 됐던 것이다. 난 나 자신을 위로했다. 하나님은 모든 것을 아시니까라고.

지금도 생각난다. 3월 1일 어린이집 첫 출근하는 전날까지 계속 하나님께 "아버지 저 이거 해야 돼요?"라고 2주간 매일같이 고민하며 여쭤봤다. 아이들 보는 게 정말 싫었다. 개인적으로 7남매 중 5번째라 조카들을 수도 없이 봐왔기 때문에 아이들 보는 게 너무 싫었다. 근데 어찌된 일인지 기도할 때마다 하나님이 축복으로 계속 보여주시는 게 아닌가. 말 그대로 "하나님만 믿고 가요."였다. 그런데 세월이 오래 지난 지금 어린이집 교사로서 정말 잘한다. 내가 가지고 있는 많은 재능을 어린이집에서 풀어내고 있다.

'내게 능력 주시는 자 안에서 내가 모든 것을 할 수 있느니라' (빌 4:13)

하나님께서 내 안의 능력을 탁월하게 끌어내셔서 더하시니 못할 것이 없었다. 덕분에 업그레이드가 되어 사회문화 대학원 아동복지학과 대학원 두 번째 석사 졸업을 하게 됐다. 하나님께서는 내가 원하는 것을 항상 할 수 있도록 예비해주신다. 난 20대 후반부터 늘 속으로 '난 대학원 석사까지 학력을 만들 거야.'라고 내내 생각했다. 하나님은 나의 성공과 승리를 누구보다 기뻐하신다. 어린이집 교사라는 직업 덕분에 난 대학교에서 시간강의, 보수교육 승급 강의도 하게 되는 성공적인 삶을 살고 있다. 하나님께 영광 돌린다. 할렐루야!

어느 날 어린이집 이직을 준비하고 있었다. 항상 기도로 준비하고 일을 진행하였기에 내게 합당한 자리가 있을 거로 알고 성령의 인도를 구했다. 집에서 가까운 어린이집마다 내가 있어야 할 자리인지 기도했다. 그런데 딱 한 군데 기도 환상 중 내가 좋아하는 아주 맛있는 카스테라를 보여주셨다. 내 자리였다. 난 '말씀 전하라고 하시는가보다.'라고 속으로 생각했다. 그래서 바로 의심 없이 그곳으로 이력서를 제출했다. 면접을 보는 날 나는 가까운 파리바게뜨에서 빵을 사들고 2시쯤 면접을 보러갔다. 낮잠 시간이라 조용히 면접을 봤는데 무엇보다 원장님의 인상도 좋지만 들어갔을 때 분위기가 나쁘지 않았다. 바로 채용을 확답 받고 출근하기로 했다.

나중에 근무하면서 원장님과 교사들한테 들은 얘기인데 "나는 여태 면접 보러 오면서 빵 사들고 오는 사람 처음 봤어요. 근데 너무 잘 먹었어요."라고 모두가 그 얘기였다. 교사가 잠시 힐링하며 쉴 수 있는 시간이 아이들 낮잠 시간이기 때문에 커피랑 드셨음 해서 사들고 갔던 것이다. 빵 싸인 주신 하나님께 감사하다. 빵 때문에 원장님과 교사들과 빠르게 친해졌다. 늘 하나님의 싸인에 우린 민감해야 한다.

'무엇이든지 남에게 대접을 받고자 하는 대로 너희도 남을 대접하라'(마 7:12)

근무하면서 알게 된 사실은 원장님은 결혼 전 서울서 열심히 찬양대까지 하며 열성적으로 교회에 다니셨는데 결혼 후 교회에 다니지 않고 가끔 마음이 힘들 때 교회 나가신다는 것이다. 시댁이 하나님을 믿지 않았다. 그리고 옆 교실의 선생님 한 분은 가족 모두 교회는 다니지만 남편의 사업 부진으로 생활의 어려움을 겪고 있었다. 세상은 참 넓고 좁다. 알고 보니 언니의 제자였다. 그래서 난 속으로 '아, 이 두 분이구나!', '어떻게 하면 가장 좋은 방법으로 믿음을 끌어내고 성장시키고 회복될 수 있도록 도울까.'라고 생각했다.

'사랑하는 자들아 우리가 서로 사랑하자 사랑은 하나님께 속한 것이니 사랑하는 자마다 하나님으로부터 나서 하나님을 알고'(요일 4:7)

간증, 섬김, 교제, 증거로 돌입했다. 원장님과 선생님들께 시간만 되면 간증하고 말씀 교제하기 시작했다. 어린이집 내 주방선생님이 원장님의 시어머님이셨고 전혀 예수를 모르셨다. 간증할 때마다 시어머님께서는 옆에서 일하시며 조용히 듣기만 하셨다. 시어머님께서는 연세가 많으심에도 젊은 시절 간호사를 하셨던 똑똑하고 지성이 있으신 분이셨다. 어린이집 근무지 자체가 이젠 사역지가 되었다. 원장님은 나 같은 사람은 처음이라고 했다. 영적으로 더 기능하는 사람을 본 적이 거의 없었던 것이다. 입만 열면 간증에, 영적 얘기만 줄줄이 나왔다. 생각해보면, 괜찮아서 채용했는데 와서 보니 믿음 얘기, 말씀 얘기에 귀신이 어떻고, 마귀가 어떻고, 권세가 어떻고라고 시도 때도 없이 말하면 누군들 이상하게 보지 않겠는가.

원장님은 지금 기억도 못하시겠지만 정말 날 이상한 사람으로 취급할 때가 있었다. 대부분 그 이상한 사람 취급할 때의 눈빛은 어찌나 다 그리 비슷할까. 한 번은 원장님과 아침 차량운행을 같이 나가게 됐다. 그때 원장님은 아는 분의 믿음을 칭찬하시며 사람 좋다고 하셨다. 난 거기에다 하나님께서 보시기에 신실한 사람이 있는가 하면 세상 사람들이 다 좋다고 해도 하나님 보시기에 아닌 사람이 있다고 했다. 모든 믿는 자들이 다 똑같진 않다고 했다.

그때는 하나님의 마음으로 사람들을 대하고 하나님의 눈으로 상황을 보려고 했다. 계속 믿음의 눈으로 말씀으로 사고를 바꾸려고 노력할 때였다. 또 어느 땐 내가 얘기를 하기보다 원장님께서 먼저 편히 이야기를 꺼내시기도 했다. 교회 다니는 아는 동생 얘기를 하시며 교회 다니는데 그런 일이 있다며 안타까워 하셨다.

내 대답은 거의 비슷했다. 귀신, 마귀짓이고 예수 권세를 잘 사용해서 쫓으면 해결될 일이라고. 말씀성경을 봐야 한다고. 하나님도 영이시라 눈에 보이지 않지만 귀신도 영이라 눈에 보이지 않는다. 우리 옆에서 귀신이 귀에다 대고 말을 해도 내 생각인 줄 알고 할 때가 있을 수 있다는 거다.

'근신하라 깨어라 너희 대적 마귀가 우는 사자 같이 두루 다니며 삼킬 자를 찾나니 너희는 믿음을 굳건하게 하여 그를 대적하라'(벧전 5:8~9)

재미있는 얘기가 있다. 미국에서 사역하시는 목사님 얘기다. 책에서 한 번 읽었는데 잊혀지지 않는 이야기여서 가끔 전하기도 한다. 어느 날 목사님께 여동생이 차 사고가 나서 응급차로 실려 갔다는 경찰의 전화를 받았다. 그러면서 와줄 수 있냐고 물었다. 목사님은 어느 정도 다쳤냐고 물어보니 그건 말씀드릴 수가 없으니 직접 병원에 오시면 좋겠다는 것이다. 그래서 8시간 정도 운전을 하고 가야 할 거리이기 때문에 급히 서둘러 출발했다. 목사님은 운전하면서 갖가지 부정적인 생각들이 계속 오갔다.

'괜찮을 거야.'

'근데 많이 다쳤으면 어쩌지?'

'아냐 하나님 함께 하시니 괜찮을 거야.'

'안 좋아져서 죽기라도 하는 거 아냐?'

이런 의문들이 계속 꼬리에 꼬리를 물고 생각이 드니 순간 목사님은 뭔가 잘못됐다는 것을 눈치 챘다. 얼핏 스치며 운전대 앞 거울을 보니 자신의 양쪽 귀 옆에 뭔가 시커먼 게 있는데 귀에다 대고 속삭이고 있었다. 영적 눈이 열려 순간 보인 것이다. 그래서 영어로 기도하는 것을 멈추고 방언으로 기도하기 시작했다. 그러자 양쪽 귀 옆에 붙어 있던 마귀가 "근데 얘 뭐라고 하는 거야?"라고 하더니 사라졌다고 했다. 여동생은 큰 사고임에도 타박상만 입고 괜찮았다. 이 이야기를 책에서 보고 또 다시 방언의 위력에 감사했다.

'그의 성령을 우리에게 주시므로 우리가 그 안에 거하고 그
가 우리 안에 거하시는 줄을 아느니라'(요일 4:13)

어린이집에서도 말씀 전하고 기도가 바뀌어야 한다고 교제해주면서 마찬가지로 방언 받으시라고 계속 권유했다. 방언의 능력에 대해 말하면서 하루라도 빨리 받으시는 게 좋다고 거의 강제성과 협박성과 끈질김으로 상황 보고 말하고 기다렸다 독촉하고 또 기다렸다. 원장님께서 "아직 방언 받기엔 내 믿음이."라고 말씀을 꺼내시면 "원장님 받고 싶어 하시면 바로 받으세요. 왜 그 좋은 걸 마다

하세요. 무조건 받으세요. 하나님 믿는 사람은 하늘의 언어를 써야 돼요."라고 말하며 받을 때를 기다렸다.

난 어린이집에서 힘들다 말을 단 한 번도 말하지 않은 사람이었다. 무슨 일이 있든지 간에 힘들다, 피곤하다는 말 한마디를 하지 않았다. 7년이 지난 지금도 원장님과 친분을 쌓아 교제하고 만나는 이유 중 하나다. 서로 믿음 위에 굳건히 있으면서 좋은 동역자와 교제자로 함께 하고 있기 때문이다. 하나님께서 함께 하셔서 어린이집에 무슨 일이 생길 거 같으면 대처할 수 있도록 미리 항상 알려주셨다. 어린이집 근무하면서도 난 매일 4~5시간씩 기도했다. 기도가 내 생명이었다. 나의 영적 힘이었다. 그리고 말씀의 실재를 전했다. 나는 나의 간증과 말씀을 어느 정도 밑바탕에 뿌린 다음엔 이제 심고 섬기기로 작정했다.

'주는 것이 받는 것보다 복이 있다'(행 20:35)

이제는 심기다. 하나님의 심고 거두는 법칙이 있으니까.

'곧 적게 심는 자는 적게 거두고 많이 심는 자는 많이 거둔다 하는 말이로다'(고후 9:6)

감동만 받으면 선물을 했다. 1년에 설날, 추석, 크리스마스엔 선물을 기본으로 주는 날이다. 사실 시도 때도 없이 선물을 해서 "오늘 무슨 날이에요?"라고 반문했다. 먹거리, 화장품, 옷 등 별걸 다 했다. 엉뚱하게도 나는 내 생일날만 되면 조금 이른 출근을 하여 파리바게뜨에서 내 생일 케이크를 사들고 어린이집으로 출근했다. 업무 시작 전 원장님, 선생님과 생일 축하 노래를 부르고 커피랑 한 조각씩 먹으며 기분 좋은 하루를 시작하고 싶었기 때문이다. 또한 주는 것이 복되다는 아버지의 말씀을 실천하기 위해서였다. 그리고 하나님이 모든 것이 넉넉하여 모든 착한 일을 넘치게 하시는 말씀에 근거하여 선한 일을 행함이었다(고후 9:8).

지금도 엄마한테도 전화하여 "엄마 나 낳느라 고생했어."라고 말하는 딸이다. 선생님들 모두가 입을 모아 "나는 생일에 '케이크 받기는 했어도 자기 생일날 '케이크 사들고 오는 사람 처음 봤어요."라고 말씀하셨다.

또 어느 날은 제자삼아 훈련시키는 언니의 제자인 선생님이 유난히 너무 힘들고 지쳐 보여 1시간 이른 퇴근을 하게 된 나는 코스트코를 급하게 달려가 대형 피자 한 판, 회를 사들고 다시 어린이집으로 갔다. 왕복 1시간이었다. 왜 왔냐는 선생님한테 한 아름 안겨

주고 나는 "맛있게 드시고 힘내세요."라는 말을 남긴 채 집으로 퇴근했다.

다음날 그 선생님 말이 먹지도 않으면서 먼 거리까지 가서 일부러 사다준 것에 정말 많이 감동을 받았다는 것이다. 배 터지게 실컷 먹고 어린이집에 남아있는 아이들과도 함께 먹어서 너무 좋았다는 것이다. 그러면서 "저도 나중에 선생님처럼 하고 싶어요. 열심히 기도해서 잘 믿고 잘 돼서 많은 자들한테 베풀며 살고 싶어요."

'하나님이 우리를 사랑하시는 사랑을 우리가 알고 믿었노니 하나님은 사랑이시라' (요일 4:16)

선물 주는 것이 너무 즐거웠다. 기뻐하고 뜻하지 않은 선물 받는 표정 보는 게 좋았다. 선물도 다양했다. 하나님께서 필요한 걸 알려주시면 무조건 샀는데 너무 감사한 것이 그 선물을 가장 저렴하고 추가 할인된 가격에 사게 해주셨다. 그리고 무엇보다 항상 선물 받으실 분에게 필요한 것이었다. 난 항상 덧붙였다.

"감동 받아서."

"아버지가 하라고 해서요."

"선생님한테 필요한 건가 봐요."

살아계신 하나님께서 원장님, 선생님을 알고 계시고 필요 역시 알고 계시다는 걸 전하고 싶었다. 거기다 하나님은 보상의 아버지시다.

'믿음이 없이는 하나님을 기쁘시게 하지 못하나니 하나님께 나아가는 자는 반드시 그가 계신 것과 또한 그가 자기를 찾는 자들에게 상 주시는 이심을 믿어야 할지니라'(히 11:6)

그래서 나의 공급은 하나님께로부터 왔다. 내가 필요한 모든 것이 공급되었다.

'무엇이든지 구하는 바를 그에게서 받나니 이는 우리가 그의 계명을 지키고 그 앞에서 기뻐하시는 것을 행함이라'(요일 3:22)

언니의 제자인 선생님은 말 트기 시작하면서 믿음의 훈련을 시작했다. 유쾌하고 좋은 분인데 쉽게 말하자면 말로 복을 다 까고 있었다. 복 받길 잘 되길 기도하면서 자신의 말로 기도를 다 무효화시키고 있었다. 우리가 쉽게 범하는 오류 중 하나는 하나님께 죽어라 기도해놓고 바로 말로 기도를 0점으로 만든다는 것이다. 그리곤 "기도 열심히 했는데 왜 안 되지?"다. 말과 혀의 권세를 잘못 사용하기 때문이다.

'믿음은 바라는 것들의 실상이요 보이지 않는 것들의 증거니'(히 11:1)

믿는 자는 믿음의 눈으로 봐야 한다. 현실을 보는 것이 아니라 믿음의 너머에 있는 소망의 응답을 봐야 하는 것이다. 선생님의 잘못된 말을 들을 때마다 말 교정으로 들어갔다. 하나님의 영은 농담을 진담으로 들으신다. 절대 농담을 농담으로 듣지 않으신다. 그래서 쉽게 말하면 믿는 자가 자기도 모르게 다른 사람들에게 "되는 일이 없어."라고 말하면 정말 되는 일이 없어진다. "힘들어 죽겠네."라고 말하면 힘든 일만 생기는 것이다. "돈이 없어."라고 말하면 돈이 점점 없어져서 삶 속에 부족만 남게 되는 것이다. "돈이 없어."라고 말하지 말고 "돈밖에 없어."라고 말을 고쳐보라고 했다. 혹여 말로 "돈밖에 없어."라고 말하면서 마음속으로 '이건 사실이 아닌데.' 또는 '근데 나 지갑에 몇 천원밖에 없잖아.'라고 생각되는 순간 돈은 멀리 사라진다고 말해줬다. 내가 생각으로 벌써 의심하고 부정하기 때문이다.

　믿음의 코드로 들어가야 한다. 예수님은 믿음 있는 행동을 하는 자들을 성경에 보면 칭찬하셨다. 믿음으로 행해야 한다. 문제나 상황에 초점을 맞추는 것이 아니라 하나님께 초점을 맞춰야 하는 것이다. 그래서 조금씩 조금씩 말 수정에 들어갔다. 기존의 스스럼없이 사용하던 말을 절제하며 습관적으로 나온 말을 고치려니 쉽지 않을 뿐더러 스트레스도 많이 받으셨다. 그래도 점점 나아지고 있었다.

　말 교정이 들어가면서 기도 훈련에 들어갔다. 어느 날 새벽기도 중 감동을 받고 나는 다짜고짜 "선생님 20일 작정기도 하세요."라고 하면 "알겠어요. 이번 주부터 바로 할게요."라고 말씀하셨다. 정말 신실하고 순종하는 믿음의 제자였다. 힘들지만 잘 따라오고 계셨다. 그리고 점점 더 삶에 좋은 결실이 나타나기 시작했고 영적 청소도 나타났다.

　　'각각 은사를 받은 대로 하나님의 여러 가지 은혜를 맡은 선
　　한 청지기 같이 서로 봉사하라'(벧전 4:10)

　어느 날 저녁 밤에 선생님을 위한 기도를 하고 있는데 환상 중

갑자기 금색의 테두리로 된 대형 액자 안에서 도깨비가 튀어나오는 것이다. 그래서 선생님한테 문자를 보냈다.

"선생님 혹시 집안 거실에 있을 법한 큰 액자 있으세요. 제법 크던데?"

다음날 봤을 때 서로 일이 너무 바빠 얘기를 나눌 시간도 없어 그 다음날 얘기할 수밖에 없었다. 선생님이 아예 사진을 찍어온 것이다.

"선생님 액자 말인데요. 혹시 이렇게 생긴 거예요?"

"아니요. 정사각형인데 금색 테두리에 안은 좀 까맣게 된 건데요. 고급스러운 거예요."

"아. 다행이다. 이건 신랑이 좋아하는 건데. 집에 정사각형으로 된 큰 액자도 있어요. 테두리가 금색이고 안에 청동으로 되어있어서 약간 까매요."

그 액자였다. 사진 찍어온 액자는 직사각형이라 하나님께서 보여주신 게 아니었다.

"선생님 그거 같아요."

"근데 어쩌죠? 그거 100만원 하던 건데 현찰로 80만원 주고 산 거예요. 신랑이 갑자기 그거 버리자고 하면 왜 버리냐고 말할 텐데. 어떻게 해야 하지?"

그래서 말했다.

"선생님 거기에 도깨비가 튀어나와서 집안에 안 좋은 일 생기고 어려운 게 그거 때문인 거 같아요."

정말 누군가 이 말을 들었다면 "미친 소리하네."라고 말했을 것이다. 교회 다니면서 집안에 우여곡절이 계속 끊이지 않고 잘 되는 일이 없고 누군가 계속 질병에 시달리고 아프다고 한다면 결론은 영적 점검이 필요하다는 사실이다. 하나님께서는 하나님의 아들인 예수 그리스도를 통해 이미 우리를 자유케 하셨다. 환경의 승리자로 우리를 세워주셨다.

나는 이전에도 인형에 붙은 귀신, 물건에 붙은 귀신들을 쫓아냄으로 그 집안이 잘 되는 것을 직접 보았다. 하나님께서 묶여있는 것으로부터 자유케 하시기 위해 그렇게도 역사해주셨다. 단, 개인적인 경험이긴 하지만 예수 이름으로 가능케 된 일이었다.

'너희는 믿음을 굳건하게 하여 그를 대적하라' (벧전 5:9)

어쨌든 선생님은 순종하셨다. 이 일 전에도 동역기도 하며 많은 영적 체험을 하게 되면서 또 좋은 결과가 있었기 때문이다. 이 땅에서 믿는 자들은 영적인 지식을 더 많이 사모하고 알고 살아가야 한다. 하나님도 영이시고 귀신, 마귀도 눈에 보이지 않는 영이기 때문에 우리가 살면서 방해를 받을 수 있다. 그래서 무엇보다 예수 권세를 잘 사용해야 한다. 방해 받는 모든 것에 예수 이름을 행사할 때 방해되는 모든 것으로부터 우리는 또 자유케 된다.

선생님은 2주간 고민했다. 어떻게 하면 신랑을 설득해서 버릴 것인가. 근데 선생님이 내게 듣자마자 버리기로 결단한 이유가 있었다. 그 액자가 거실 벽에 있는데 항상 볼 때마다 이상한 느낌이 있었다는 것이다. 집에 문을 열고 들어가면 꼭 누군가 왔다 간 느낌이랄까. 설거지를 하다가도 문뜩 액자를 쳐다보게 됐다는 것이다. 근데 그 액자가 하필 '최후의 만찬'이었다. 결혼하면서 꼭 집에 '최후의 만찬'을 걸고 싶었다는 것이다. 더군다나 신랑이 거실에서 자는 날엔 꼭 가위가 눌려서 너무 힘들어한다는 것이다. 그래서 신랄하게 말했다.

"선생님 가위 눌리는 거 안 좋아요. 예전에 내가 새벽기도 가기 전 가위가 눌려 눈을 살며시 떠보니 머리 길고 흰 소복 입은 젊은 여자가 저를 위에서 올라타고 찍어 누르고 있었거든요. 그 뒤부터 제가 가위 눌리는 거 안 좋은 거로 알아요. 예수 이름으로 쫓으니 금방 없어지긴 했지만."

예수 이름 앞에 불가능한 것이 없다.

'하늘에 있는 자들과 땅에 있는 자들과 땅 아래에 있는 자들로 모든 무릎을 예수의 이름에 꿇게 하시고'(빌 2:10)

누군가 말할 것이다. '최후의 만찬' 유화 액자에 그럴 리가 없다고. 근데 그럴 수 있다. 하나님을 믿는 자라면 '최후의 만찬'이 오래되고 낡아져도 버린다고 생각하는 사람이 몇 명이나 되겠는가. 없다. 그래서 전혀 생각지도 못한 곳에 있지 않았겠는가. 도깨비 귀신이 들어간 경로가 분명 있겠지만 어쨌든 버려야 했다. 결론은 그 액자를 버리고 신랑이 다시는 가위 눌린 적이 없었다는 것이다. 선생님도 집에 꼭 누군가 있는 것처럼 느껴졌던 그 기분도 사라졌다고 했다. 할렐루야!

이렇게 믿음의 교제를 하고 섬기고 증거가 나타나면서 평안과 형통이 함께 했다. 결국 선생님도 교제 끝에 내가 살고 있는 집으로 와서 방언을 받으셨다. 정말 따발총 같이 나가고 일본어처럼 방언이 나갔다. 한 번은 "선생님 저는 왜 이렇게 따발총 같이 나가요?"라고 말씀하셨다. 나는 "하나님께 하실 말씀이 많으신가 보죠."라고 대꾸했다. 선생님은 교회 다니면서도 맥주 한 잔씩은 하셨다. 정말 우리 믿는 자들은 성령 충만을 받아야 한다. 방언을 하시면서 술 냄새만 맡아도 속이 메스껍고 역해져 다시는 술이라곤 입에 대지도 못하셨다. 할렐루야!

　이후에도 놀라운 많은 일들을 통해 하나님의 기적을 체험하게 되었다. 그러면서 하나님께 더 가까이 다가가는 신실한 딸이 되었다. "왜 안 되지?"에서 "잘 될 거야."로 바뀌는 인생이 되었다. 지금은 그때 당시 감히 생각할 수도 없었던 성공적인 삶을 살고 계신다. 능력에 능력을 더하시는 하나님께서 훌륭한 원장님으로 세워 지역사회에서 최고로 인정받고 계시다. 가정의 모든 것이 회복되었다. 모두가 다 하나님의 은혜다.

　같이 근무하던 그 시절 선생님은 어린이집 일이 너무 힘들다며 커피숍 하고 싶다는 말을 수도 없이 했다. 정말이지 그 말을 할 때마다 앞에서 "입을 틀어막고 싶어요. 그 입, 말 조심하세요. 지금 하시는 일에 감사하셔야 해요. 어려운 중 하나님께서 주신 일로 내가 살잖아요. 때가 되면 하나님께서 늘 준비된 자를 쓰시니 앞으로 잘 되실 것만 생각하세요. 잘 될 거예요. 말씀 붙잡고 기도하세요."라고 말하곤 했다. 뒤돌아보면 웃으며 말할 수 있는 진정 감사한 시간이었다.

　이때 원장님께서도 1년 뒤 어린이집에서 방언을 받으셨다. 그리고 "원장님 여기서 가까운 ○○○ 교회 나가세요."라고 늘 강권

했던 대로 결국 '○○○ 교회'로 그때 이후 지금껏 출석하고 계신다. 특히나 더 감사한 건 원장님 남편분이 믿는 자들의 안 좋은 모습들을 너무 많이 봐왔고 경험한 탓에 교회 다니는 사람에 대한 인식이 별로 좋지 않으셨다. 다행 중 다행인 것이 원장님께서 나의 얘기를 전하며 조금씩 듣게 되셨고 교회에 다니는 분들에 대한 이미지 회복이 있었다.

결국 남편분께서 크리스마스 성탄절 때 교회 갈 거니까 기다려달라고 원장님한테 말씀하신 뒤 약속을 지켜 12월 25일 교회에 나가기 시작하셨다. 지금은 정말 신실한 신자시다. 5년간 성경 3독을 하시고 최근 들은 바로는 성경 필독을 하고 계신다고 한다. 특히 새벽기도, 헌신, 봉사까지 교회에서 안 하시는 게 없다. 사업도 번창하시고 십일조 헌금 생활까지 너무나 잘하고 계신다. 더구나 얼굴이 얼마나 환해지셨는지 한 번은 롯데마트에서 몇 년 만에 뵙게 되었는데 너무 잘생겨 보이기까지 했다.

원장님께서도 믿음의 진보로 공공형 어린이집으로 더 발전되고 본인의 학력도 대학원 석사로 업그레이드를 하셨다. 정말 감사한 일이다. 특히 오래전 원장님께서 남편과 믿음의 대화를 나누는 부부가 되고 싶다는 말을 종종 하셨었다. 지금은 두 분이 함께 하나님을 향해 앞으로 전진하며 뜨거운 교제도 나누신다. 참으로 행복하고 감사한 삶이 되었다. 무엇보다 부부가 한 곳을 바라보고 하나님을 향해 나아가는 것만큼 기쁘고 귀한 것은 없다. 하나가 아닌 둘이여서 더 기쁜 것이다.

시어머님은 어떻게 되었는지 이 순간 또 궁금해지지 않는가. 시어머님 역시 기도에 대한 응답을 체험하시고 어린이집에서 예수님을 영접하고 바로 방언 받으셔서 성령의 인도를 받은 가까운 개척교회에 나가시며 많은 헌신을 하고 계시다. 그 당시 시간이 될 때마다 어린이집에서 가장 조용한 장소를 찾아 둘이 잠시 손잡고 10~20분 방언기도를 하며 영적 훈련을 도모했었다. 결국 시어머님께서는 짧은 기간 훌륭한 신자가 되어 남편분, 딸, 사위, 손자손녀까지 모두 전도하고 뜨겁게 하나님을 사랑하며 교회에 봉사하신다.

시어머님께 한 번은 "선생님 교회에서 혹시나 성경공부를 한다고 하면 무조건 하세요. 하나님을 잘 알고 우리가 누구이고 무엇을 가지고 있고 무엇을 할 수 있는지 알아야 축복을 제대로 누리죠."라고 말씀을 드리자마자 시어머님께서는 바로 교회에서 성경공부를 시작하셨다. 정말 하나님의 귀한 딸이자 가족들의 전도자셨다. 지금도 며느리인 원장님께 가끔 소식을 듣는다. 교회에서 정말 봉사를 많이 하고 계셔서 너무 놀랍기도 한데 무엇보다 즐겁게 하신다는 것이다.

한 번은 시어머님께서 내게 말씀하시길 남편분께 '지옥은 있다'라는 책을 읽어주며 나랑 같이 교회에 갈 거냐고 협박했다고 하셨다. 그리곤 "우리 남편이 나보고 ○○○(시어머님 이름) 발목 붙잡고 '천국 가면 안 돼?'라고 말해서 장 선생님이 자기 믿음으로 천국 가야 된다고 절대 안 되지 그렇게 말했다(부산 사투리 있으심)."라고 웃으시며 자랑스럽게 말씀하셨던 기억이 난다. 그렇게 하신 믿음의 결실로 가족 모두가 예수를 믿고 구원 받는 기적이 나타났다. 무엇보다 기쁜 건 심은 대로 거둔 나의 열매다. 씨앗 심기는 열심히 하되 거두게 하시는 이는 하나님이시니 포기하지 말고 힘들더라도 계속해서 심기를 권면한다. 주렁주렁 열매가 달릴 것이다.

'빛의 열매는 모든 착함과 의로움과 진실함에 있느니라'(엡 5:9)

원장님의 아이들은 어떻게 됐을까? 어린이집에서 가끔 볼 때마다 하나님 믿고 잘 컸으면 하는 소망이 있었다. 왜냐하면 나 역시 조카들이 13명이기 때문에 세상에서 늘 승리하며 살길 바랐다. 앞서 얘기한 것처럼 어린이집 원장님, 시어머님, 선생님들의 선물을 살 때 아이들의 선물도 샀다. 사도 바울의 손수건처럼 내가 만진 선물들이 나를 통해 하나님의 생명이 흘러가 그들의 심령에 씨앗이 되길 바랐다.

　현재 원장님의 두 딸은 주일(일요일)에 교회에서 살다시피 한다. 시험 때도 마찬가지이다. 용돈을 받으면 십일조 먼저 우선적으로 뗀다고 한다. 무엇보다 가장 감사한 것은 아이들이 하나님 중심으로 지내고 교회 봉사로 악기 찬양도 하면서 공부도 잘한다는 것이다. 거기에 정말 아이들이 이쁘기까지 하다. 가장 기쁜 것은 큰딸은 CCM 작곡가를 하고 싶어 한다. 하나님께서 주신 비전으로 현재 공부에 몰두하고 있다. 집안 모두가 축복의 길로 인도 받았다. 할렐루야!

　믿지 않는 자들에게 심는 방법에는 여러 가지가 있다. 하지만 내가 가장 잘할 수 있는 일을 통해 하는 것이 가장 쉽고 빠르다. 오래전 나는 프리랜서로 10년간 일을 하면서 사은품에 말씀을 붙여 고객에게 드림으로 심기와 씨부리기를 함께 할 수 있었다. 그 말씀을 받는 누구나가 성경말씀을 잘 몰라도 너무 좋아하셨고 믿는 자들은 오래전 본인이 가장 좋아했던 성경말씀이라며 그때의 자신을 떠올리면서 그동안의 믿음 생활을 점검하시는 분도 계셨다. 멈추지 말고 자신이 서 있는 자리에서 말씀 전하기를 기쁘게 하라. 작은 것이 언젠가는 큰 열매로 돌아올 것이다.

'여호와께서 네가 하는 모든 일과 네 손이 닿는 모든 일에 네게 복을 주시리라' (신 15:10)

믿는 자들은 믿지 않는 자들에게, 실족한 자들에게, 교제가 필요한 자들에게 영향력을 끼쳐야 한다. 하나님이 기뻐하시는 일에 내 마음을 다해야 한다. 큰 자가 작은 자를 섬겨야 한다. 지금도 가끔 원장님과 만남의 교제를 통해 믿음의 진보를 볼 수 있고 전진하고 계신다. 나를 그곳으로 인도해주셔서 큰 열매 맺게 하신 하나님께 감사하기만 하다. 할렐루야!

'모든 은혜의 하나님 곧 그리스도 안에서 너희를 부르사 자기의 영원한 영광에 들어가게 하신 이가 잠깐 고난을 당한 너희를 친히 온전하게 하시며 굳건하게 하시며 강하게 하시며 터를 견고하게 하시리라' (벧전 5:10)

사역

'내가 너희에게 뱀과 전갈을 밟으며 원수의 모든 능력을
제어할 권능을 주었으니 너희를 해칠 자가 결코 없으리라'
(눅 10:19)

하나님께서는 늘 때를 따라 열매를 맺게 하시고 영적 수준에 따라 경험해야 될 것들에 대해 담대히 나아가게 하신다.

'사람이 감당할 시험밖에는 너희가 당한 것이 없나니 오직 하나님은 미쁘사 너희가 감당하지 못할 시험 당함을 허락하지 아니하시고 시험 당할 즈음에 또한 피할 길을 내사 너희로 능히 감당하게 하시느니라'(고전 10:13)

나의 사역은 일상생활의 많은 부분에서 다채롭게 나타났다. 많은 사람들을 만났고 또 긴급하게 하나님께서 돕고자 하는 분들을 잠시 만나 그들을 돕게 하셨다. 지금부터 즐기시길 바란다.

지혜를 주시다

'여호와를 경외하는 것이 지혜의 근본이요 거룩하신 자를 아는 것이 명철이니라'(잠 9:10)

예나 지금이나 교제를 하기 시작하면 책 선물을 많이 한다. 저자의 경우 책을 선물 받으면 바로 읽지 못하고 몇 달이 지나더라도 어느 순간 마음의 땡김으로 선물 받은 책은 꼭 읽게 되었기 때문이다. 그래서 대화를 나눈 뒤 그 사람의 영적 수준에 따라 내가 읽은 책 중 상대방에게 맞는 책을 선별하여 선물로 주었다. 특히 하나님을 전혀 모르다 영접 받고 그 자리에서 바로 방언 받는 경우 믿음의 말씀사에서 출판된 '새로운 탄생', '방언의 능력', '방언학교 31일', '나는 지옥에 갔다 왔습니다' 소책자를 꼭 드려 믿음의 기초적인 부분을 조금이나마 알고 시작하길 바라는 마음에 세 권을 기본으로 드렸다. 그러면서 꼭 2번씩 읽어보라고 권해드린다.

또 불시에 만날 상황도 있어 아예 가방에 세 권을 가지고 다녔다. 만남을 통해 영적 교제가 되는 시점에 책으로 얻을 귀한 은혜를 놓치게 하고 싶지 않았기 때문이다. 나는 책에서 얻은 지식으로 영적 성장에 큰 도움을 받았기 때문에 다른 사람들도 그렇게 될 거라는 기대를 항상 한다. 하나님께서 어느 때는 상대방과 대화 중에도 뜻하지 않게 "그 책 줘라."라고 말씀하시기도 하셨다. 그런 경우엔 그 즉시 내가 가지고 있다면 그 자리에서 바로 드렸다. 아마 가지고 있는 것을 아시기 때문일 것이다.

친분이 있고 교제하는 교수님께도 그래서 한덕수 목사님 책인 '당신을 향한 하나님의 계획을 아십니까'라는 책을 선물로 드렸다.

왜냐하면 그 책의 전반적인 내용도 좋지만 특히 가문에 흐르는 저주부터 온갖 기도 방법들이 자세히 잘 기록되어 있기 때문이다. 아무것도 모르고 성경에 나온 대로 흉내내고 따라하기만 했던 나의 경우 누군가 정말 기도하는 방법을 가르쳐주고 알려줬으면 하고 바랐는데 한덕수 목사님의 책으로 많은 것을 배웠기 때문이다.

책 내용으로 가장 큰 효력을 본 것은 사랑하는 친아부지다. 주일예배를 잘 지키시면서도 말씀이 전혀 들어가지가 않아 애를 먹고 있는 찰나에 이 책을 접하곤 바로 아부지를 위해 예수 못 믿게 하는 마음의 진지를 박살내는 집중기도를 시작했다. 근데 그 전에 그렇게도 안 되던 말씀 심기가 기도가 바뀌고 예수 권세를 사용하면서 단 열흘 만에 말씀이 쏙쏙 들어가기 시작했다. 15년을 낭비한 것이다. 가장 놀라운 건 그렇게나 고집이 세시던 아부지도 78세에 방언도 받으셨다는 사실이다. 아부지를 방언 받게 하기 위해서 수세월 수도 없이 꼬셨다. 그날도 언니랑 조카들과 함께 부모님 집에 놀러가 저녁을 먹고 담소를 나누고 있었는데 갑자기 이때다 싶은 하나님의 싸인이 있었다.

그래서 아부지의 완강한 반대에도 불구하고 내가 먼저 손을 잡고 시작하자 조카 둘이, 언니까지 아부지의 손을 같이 잡고 방언기도를 집이 떠나가게 큰 소리로 했다. 그러자 아부지의 혀가 자연스럽게 돌아가면서 방언을 하기 시작했다. 아부지는 방언 받기 전까지 "나는 그런 거 안 받어."라고 말씀하셨다. 하나님께 영광 돌린다. 우리 집에서 가장 큰 기적 같은 경사였다. 아무튼 개인적으로 잘 아는 교수님이라 책 내용이 너무 좋아 한 달이면 다 읽으시고 실생활에도 적용하고 계실 거라 생각했다. 왜냐하면 교수님 외에 가족 분들은 전혀 예수를 믿지 않았기 때문이다. 그래서 교수님 가정에 필요한 기도방법을 적어 드리고 매일 눈뜨자마자 할 것을 약속했다.

　　내 자신이 그렇게 했기 때문에 책을 읽으면 상대방도 꼭 그렇게 할 거라는 기대감을 갖는다. 개인적으로 나는 그 책 내용이 너무 좋아 연거푸 2번을 2주 만에 읽었다. 3개월 만에 교수님을 뵈어 "교수님 그 책 너무 좋죠."라고 여쭤보니 "아. 그 책 아직 못 읽었어요. 첫 장을 읽는데 이해하기가 너무 어려운 거예요."라고 하셨다. 그래서 나는 "교수님 방언하시잖아요? 지혜의 영이 열리니 방언 30분 정도 하시고 책 읽어보세요. 금방 다 이해 되실 거예요. 이해 못하실 내용이 아니거든요. 제가 늘 하던 말들이 거기 다 있어요."라고 말씀드렸다. 결국 교수님은 어렵다며 그 다음해에 다시 그 책을 펼치셨다고 했다. 그 사이 방언을 조금씩 더 사용하고 계셨는데 첫 장부터 술술 이해가 되더란 것이다. 그래서 혼잣말로 "왜 이게 그땐 이

해가 하나도 안 됐지?"라고 의문하셨다고 나중에 내게 말씀하셨다.

하나님의 말씀은 이 세상 모든 지식 위에 있다. 더구나 지혜가 열리면 모든 과학, 의학, 세상 지식을 초월하게 된다. 우리 안에 성령님이 계시기 때문이다. 이해되지 않는 부분이 있는가. 그렇다면 성령님의 지혜의 영을 방언으로 활성화시켜라. 이해되지 않는 건 절대로 있을 수 없을 뿐 아니라 명철함도 더해주신다.

'우리의 싸우는 무기는 육신에 속한 것이 아니요 오직 어떤 견고한 진도 무너뜨리는 하나님의 능력이라 모든 이론을 무너뜨리며 하나님 아는 것을 대적하여 높아진 것을 다 무너뜨리고 모든 생각을 사로잡아 그리스도에게 복종하게 하니' (고후 10:4~5)

영으로 기도하다

'내가 영으로 기도하고 또 마음으로 기도하며 내가 영으로 찬송하고 또 마음으로 찬송하리라' (고전 14:15)

직장생활에서도 마찬가지이다. 서류할 때 잘 떠오르지 않는다면 입으로 방언기도를 하며 서류를 해보라. 정말 생각지도 못한 지혜가 떠올라 내가 했나 싶을 정도로 서류도 잘한다. 거기에 속도까지 붙는다. 빠른 시간 내 완벽한 서류를 작성할 수 있음에 놀랄 것이다. 계속 연습해보라.

　직장 일로 스트레스를 받는가. 그렇다면 이 방법을 추천해본다. 저자는 하루일과 시작 전 출근길 방언기도를 하며 직장에 도착하기까지 차 안에서 신난 찬양을 들으며 기도한다. 하루의 결과를 미리 기도하는 것이다. 또한 스트레스를 받으면 퇴근길 차에 오르자마자 좋아하는 긍정적인 가사의 찬양을 틀어놓고 혼자서 부흥회를 한다. 소리소리 부르짖고 방언기도를 하다 방언찬양을 하며 집으로 향한다. 그럼 어느새 혼적인 스트레스가 깨끗이 사라지고 다시 아버지의 평안이 내 심령에 넘치게 된다. 이왕이면 찬양곡의 가사도 좋은 글, 긍정적인 가사로 추천한다. 요즘 은혜 받는 찬양이다.

날 위해 이 땅에

날 위해 이 땅에 찾아오셨네
날 위한 십자가 지고 가셨네
그 놀라운 십자가 찬양하리라

예수 아름다운 그 이름 나 경배하리
예수 높으신 그 이름 찬양하리라(생략)

공부할 때도 해보라. 공부에 집중력이 향상되어 성적도 오를 것이다. 입으로 방언기도를 하며 공부하기가 어려울 수 있다. 하지만 일이든 공부든 일단 시작해보라. 차츰 나아지며 익숙해져 나를 능력자로 세워주실 것이다. 하나님을 의지하며 하는 모든 일은 실수도 성공으로 바뀐다.

요리할 때도 해보라. 실수로 양념을 더 넣거나 엉뚱한 걸 첨가했는데 오히려 맛이 더 좋아진 경우를 경험해본 적 있는가. 이런 경우는 실수가 성공으로 바뀐 예이다. 귀한 손님을 집에 초대했는데 더 신경 써서 하게 된 요리가 더 형편없어질 때도 있다. 평소보다 더 맛이 없는 요리가 된 경우를 아마 경험하신 분들은 아실 것이다. 정말 난감할 때가 이때다. 그런데 방언기도 하며 요리하는 중 생각지도 못한 다른 조미료가 생각나 첨가했는데 맛이 더 좋아진 예도 있다. 그러면 예상치도 못한 결과에 감사하지 않을 수가 없다.

내 경우엔 청소할 때도 방언기도를 하면 전에 보이지 않던 구석구석 먼지나 지저분한 것들이 잘 보여 어떻게 하면 더 깨끗하게 청소해야 될지에 대한 지혜도 생겨 청소를 훨씬 잘하게 됐다는 사실이다. 우습지 않은가. 내 삶의 모든 부분에 점점 더 탁월하게 기능하는 하나님의 은혜가 있게 되었다. 또 있다. 이른 출근 시간이 걱정된다면 밤에 잠자기 전 하나님의 영인 성령님께 "내일 5시에 깨워주세요."라고 말하고 자면 다음날 정확하게 5시에 눈이 떠진다. 할렐루야!

작은 감사가 큰 감사와 형통을 가져온다. 하나님은 작은 일에서도 나에게 행복을 주시는 아버지시다. 하나님을 믿지 않는 세상 사람들은 모른다. 알 수도 없다고 말씀은 말한다. 그들 안에 성령님이 없기 때문이다. 우리가 은혜를 손으로 잡을 수 없는 것처럼 은혜는 감사히 심령(heart)으로 받는 것이다. 하나님을 믿는 자들은 은혜를 끌고 다닌다. 은혜가 넘치는 사람 옆에만 있어도 같이 은혜 받고 축복 받는다. 자신이 그런 자로 사랑하는 모든 자들에게 영향력을 끼치고 싶지 않은가.

'항상 기뻐하라 쉬지 말고 기도하라 범사에 감사하라 이것
이 그리스도 예수 안에서 너희를 향하신 하나님의 뜻이니라'
(살전 5:16~18)

우리가 성공할 수 있는 비결이기도 하다. 기뻐하고 기도하고 감사하는 3가지 방법이 하나님의 뜻이라고 했다. 그렇기에 우리가 성공하는 것을 그 누구도 아닌 이 세상을 창조하신 하나님 아버지, 나의 아버지가 기뻐하신다. 하루를 이 3가지 방법으로 살아가길 바란다. 하루를 걱정으로 시작하며 마무리할 것인지, 이 3가지 방법으로 하루 살기를 결단하고 감사로 마무리할 것인지는 자신에게 달려있다. 내게 주신 최고의 날, 하나님의 은혜로 기뻐하고 즐거워하기로 선택하며 행복한 날로 만들어갈 수 있다.

말로 선포하다

'누구든지 이 산더러 들리어 바다에 던져지라 하며 그 말하는 것이 이루어질 줄 믿고 마음에 의심하지 아니하면 그대로 되리라' (막 11:23)

말씀은 우리가 말한 것을 갖게 된다고 한다. 우리 안에 계신 성령님으로 모든 것이 또 가능케 된다. 저자는 가끔 단어가 생각나지 않을 때가 종종 있었다. 50대가 가까워오니 육적으로 봤을 때 노화로 인한 기억력 감퇴가 시작되는 시기라고 볼 수도 있겠다. 하지만 내 안에 성령님이 계시므로 나는 계속 단어가 생각나지 않을 때마다 "성령님께서 기억나게 하시리라."라고 말로 선포했다. 놀라운 건 단어가 생각나지 않는 시간이 점점 단축되면서 지금은 어쩌다 없다 있는 일이 아닌 그런 일이 거의 없다는 것이다.

잃어버린 물건도 마찬가지다. 섬기는 천사에게 "찾도록 나를 도울지어다. 위치를 알게 할지어다."라고 명령도 했지만 "성령님께서 기억나게 하시리라."라고 계속 말로 선포했고 잃어버린 물건은 꼭 다시 찾았다. 이런 일은 수도 없이 많다. 최근엔 잃어버린 반지도 찾아 천사에게 "고맙다."라고도 말했다. 정말 정확하고 우연하게 찾게 했다. 어느 땐 말해놓고도 잊어버리고 있다 찾게 되면 '아, 그때 선포했었지.'라고 생각이 났다.

15년 전엔 여권을 잃어버려 계속 "천사야 도울지어다.", "성령님 찾도록 인도해주세요."라고 계속 고백하고 방언기도 했다. 여권을 잃어버려 시청에 먼저 문의를 했더니 힘들더라도 꼭 찾으라며 여권 분실로 인한 불이익이 될 수 있는 사항에 대해 설명해주셨다. 카드 발급처럼 쉽게 생각했다. 그래도 미리 알 수 있게 도와주신 하나님께 감사하며 '늘 잃어버린 물건은 꼭 찾게 하셨으니 이번에도 찾게 도와주실 거야.'라는 믿음을 가지고 있었다.

그러던 중 갑자기 순간 눈을 뜬 상태에서 열린 환상을 보게 됐다. 그래서 여권을 찾기 위해 직접 차를 끌고 엄마 집에 가봤다. 정말 신기한 건 성령님은 모든 것을 이미 알고 계신다는 것이다. 장소는 환상으로 봐서 알고는 있었지만 정확한 위치는 몰랐다. 여기저기 한참 찾고 있는데 자꾸 '저기'라고 말씀하시는 것이다. 그래서 그냥 열어봤다 거기에 있는 걸 보고 너무 감사했다. 포기하려는 직전에 다시금 알려주셔서 찾을 수 있었다. 인도하고 알려주신 성령님께 감사하다.

성령님은 예수님을 죽음에서 살리신 하나님이시다. 예수님께서 제자들에게 복음을 전파하러 세상으로 보냄 받기 전 능력 받기 위해 성령이 오실 때까지 기다리라고 하셨다. 성령님은 삼위일체 하나님 중 한 분이시다.

'사도와 함께 모이사 그들에게 분부하여 이르시되 예루살렘을 떠나지 말고 내게서 들은 바 아버지께서 약속하신 것을 기다리라 요한은 물로 세례를 베풀었으나 너희는 몇 날이 못되어 성령으로 세례를 받으리라 하셨느니라'(행 1:4~5)

아담이 에덴동산에 있을 때 노화가 없었다. 하나님의 생명으로 충만했다. 에덴에서 쫓겨나며 이 땅(지구)에 죄와 사망과 죽음의 결과로 노화가 시작되었다. 그러므로 이 세대의 생각을 본받지 말고 하나님의 말씀으로 노화를 거부해보라. 정말 같은 나이로 보지 않을 만큼 젊다는 말을 많이 듣게 될 것이다. 몸의 기관도 마찬가지이다. 성령님께서 치유하신다. 할렐루야!

30대 중반 오래 전 이야기다. 대전 MBC 분장사로 일하면서 메이크업 작업으로 인해 척추가 많이 휘어져 있었다. 나는 이 땅에서 나를 돕고 계시는 성령님께서 예수 이름으로 반응하시기 때문에 믿음으로 허리가 불편할 때마다 "성령님께서 내 척추 뼈를 똑바로 맞추십니다."를 말로 고백하기 시작했다.

이 일이 있기 1년 전 어느 날 청소하려고 걸레를 빠는데 무릎을 굽지를 못할 정도로 찢어지게 아픈 것이다. 내 평생에 병원은 엄청난 식중독을 제외하고는 발걸음도 안 하는 곳이다. 병원 가는 걸 너무 싫어해서 아프면 무조건 견디며 이기기였기 때문이다. 그때만 해도 하나님의 말씀에 근거하기보다 세상 정보에 의한 사고가 더 발달되었을 때였다. 그래서 허리와 무릎 때문에 어쩔 수 없이 언니의 다그침에 같이 병원에 가서 진단을 위해 간단한 검사를 받고 X-레이를 찍었다. 의사의 말에 의하면 척추 중간이 엄청 휘어져 있어

교정이 필요한 심각한 상태였다. 누워서 다리를 들어보라는 의사의 지시에 정말 다리 들기가 무척이나 힘이 들어 속으로 '내 몸이 왜 이러지?'라는 생각을 했다.

그때 나의 척추 상태를 언니와 같이 봤기 때문에 척추 중간이 어느 정도 휘어져 있었는지 언니는 자세히 알고 있었다. 정말이지 언니는 사진을 보고 충격 받아 걱정했었다. 결과적으로 무릎은 연골이 마모되어 거의 없었다. 20살 초반부터 30살까지 10년도 넘게 살뺀다고 다이어트에 에어로빅을 맨바닥에서 뛰느라 연골이 마모된 것이다. 척추 중간 허리 부분은 자세가 바르지 않음으로 인한 결과였다. 그래서 말로 고백하기 시작했다. 말과 혀에 권세가 있음을 알고 성령님께서 돕는 자로 나의 몸을 치유하시리라 굳게 믿었다.

앞서 얘기한 것처럼 병원에 큰일 아니고선 절대 가지 않았기 때문에 그때 검사 이후 나는 8년 넘게 병원이란 곳을 가보지도 않았다. 그 뒤 내 무릎과 척추가 어찌 되었는지 궁금해하지도 않았다. 하나님께서는 내가 눈으로 직접 증거를 보길 원하셨던 거 같다. 8년이 지난 어느 저녁 사역하고 집으로 돌아가는 큰 사거리에서 교통사고가 나서 차는 바로 폐차가 되었다. 나는 입술만 다치고 멀쩡해서 사람들이 다 놀랬다. 그때 나는 머리털 나고 처음으로 머리끝부터 발끝까지 검사를 받았다. 늘 그때에도 언니는 나와 함께였다.

여기저기 병원을 알아보고 같이 다녀주며 빠진 검사가 없도록 나의 보호자가 되었다.

마지막으로 전신 X-레이를 찍고 검사 결과를 언니와 함께 들었다. 의사가 X-레이를 보자마자 "척추가 똑바로입니다."라고 하는데 언니와 나는 놀래서 둘이 동시에 쳐다봤다. 왜냐하면 예전에 휘어진 내 허리 생각을 순간 둘이 똑같이 했기 때문이다. 나는 X-레이 사진을 보며 내 척추가 달라진 것을 알았다. 정말 하나님께 영광 돌린다. 할렐루야!

나의 말의 고백이 그대로 나타난 것이다. 내 휘어진 척추를 위해 난 아무것도 한 게 없이 말로 고백만 했고 구부정한 습관처럼 된 자세를 바르게 해보려고 노력한 것밖엔 없었다. 언니와 나는 하나님께 감사하며 할렐루야를 외쳤다.

무릎도 궁금하지 않은가. 찢어지게 아팠던 무릎은 거의 굽으려고 하면 5년 넘게 통증에 시달렸다. 난 진통제나 통증완화제 먹는 것 자체를 거부하고 일단 영양제인 칼슘제와 글루코사민을 먹으면서 말로 고백했다.

"나의 무릎은 정상이 될지어다. 연골은 정상적으로 될지어다."

증상이 있을지라도 내가 받아들이지 않았다. 무릎이 아팠던 그때 이후 난 달리기 뛰기를 거의 하지 못했다. 통증에 시달렸기 때문이다. 높은 구두를 신은 날은 밤에 무릎이 아파 통증에 자다가도 깼다. 자극적인 자세나 무리를 주는 행동은 거의 하지 못했다. 칼슘제와 글루코사민을 먹지 않은 지도 15년도 넘는다. 그런데 나의 무릎은 어떤 줄 아는가. 달리기 뛰어도 괜찮고 굽어도 괜찮고 다 괜찮다. 이것 또한 나의 말의 고백대로 그대로 되었다. 할렐루야!

차 사고가 있기 전 나는 새벽에 집에서 기도 중 환상으로 아파트 앞 큰 길가로 빨간 이쁜 세단이 카레이서가 운전하는 것처럼 속도감 있게 지나다 갑자기 유턴을 하더니 내 앞에 멈춰 대기하는 것을 보았다. 나는 나도 모르게 '아버지가 나 차 바꿔주시려고 그러나?' 라고 생각했다. 내 마음에 쏙 드는 차였기 때문이다. 결국 나는 사고로 차는 폐차되었지만 환상으로 미리 보여주신 차를 아버지께 선물로 받고 물질의 축복도 받았다. 하나님은 보상의 아버지시다. 내가 하늘의 의를 구하는데 내게 필요한 모든 것을 미리 공급해주시지 않겠는가 말이다.

늘 교제하는 분들께 말한다. 세상 사람들은 좋은 일이 있으면 나쁜 일이 있고 나쁜 일이 있으면 좋은 일이 있다고 말하지만 하나님을 믿는 우리는 늘 좋은 일에 좋은 일만 있다고. 안 좋은 일 같아도 결국 모든 게 좋은 일이라고 말해준다. 항상 전화위복만 있다고 말이다.

어린이집 교사는 정기적으로 매년 건강검진을 한다. 2년 전부터 콜레스테롤 이상수치가 있어서 계속 또 말로 선포하기 시작했다. "나의 혈행은 정상이다. 콜레스테롤 이상수치란 것은 나에게 있을 수 없다. 내 안에 계신 이가 세상에 있는 자보다 크시기 때문이다. 내가 너를 거부하고 대적한다."라고 말하며 방언기도 했다.

어찌되었을까. 2019년 올해 수치는 정상이다. 수치가 많이 높아서 약을 먹어야 한다고 작년에 병원서 전화가 왔었다. 하지만 난 말씀에 근거하여 그 증상을 거부하고 나의 몸은 정상이라고 선포했다. 우리 안에 계신 성령으로 나는 신성한 건강 안에 살고 있다. 커리 R. 블레이크 목사님은 말씀하셨다. 미국에서 의사들이 방언을 하는 사람과 하지 않는 사람들을 연구한 결과 방언을 하는 사람은 면역력이 방언기도를 하는 30분마다 30% 증진되었다는 것이다. 그래서 방언기도 1시간 반이면 90%의 면역력 증진이 있기 때문에 매일 2시간 방언기도를 하면 100%가 넘어 평생 건강 안에 살게 된다고 하셨다. 하나님께 영광 돌린다. 할렐루야!

한 가지 더 있다. 서류 업무가 많아져 몇 달간 새벽 1~2시에 자게 됐다. 그러던 중 나는 어느 시점에서 시력이 점점 나빠지는 기분이 들었다. 2017년 교사 건강검진의 날 시력을 체크해보니 한쪽이 0.8이었다. 난 충격에 빠졌다. 내가 가장 자신 있어 하는 부분이 눈의 시력이었다. 국민학교 시절부터 40대 중반까지 나는 2.0과 1.5를 유지하고 있었기 때문이다. 그런데 시력이 0.8과 1.2라니 나는 너무 놀라서 그때부터 눈에 손을 얹고 기도하기 시작했다. "눈의 시력은 정상으로 돌아올지어다. 눈과 관련된 모든 세포와 조직과 신경과 혈관은 정상적으로 기능할 것을 예수의 이름으로 명한다."라고 안수했다. 다음 해인 2018년에 교사 건강검진의 날 시력을 다시 재어보았다. 2.0과 1.5였다. 할렐루야!

이제는 기도를 바꿔 아침에 눈 뜨면서 하루를 선택하고 나의 머리 정수리에 손을 얹고 선포한다.

"나의 모든 세포와 조직과 신경, 혈관, 뼈는 새로워질지어다. 예수의 이름으로 아멘."

11개월마다 사람의 모든 세포들이 다시 재생된다는 글을 본 적 있다. 그래서 내 말의 선포와 맞지 않는 말들을 절대로 하지 않았다. 어린이집에서도 누군가 "선생님 눈은 괜찮아요?"라고 물어보면 "난 너무 좋죠."라고 답했다. 어느 날 내 눈이 정말 침침해도 나의 대답은 항상 같았다. 내가 증상을 거부했다. 질병은 다 마귀짓이니까. 연세가 있으신 선생님이 혹여 "나이가 들어 노환이 있기 시작했나 봐요. 왜 이렇게 눈이 침침해. 선생님은 안 그래요?"라고 하면 "난 그런 거 없어요."라고 말하거나 속으로 "나는 예수의 이름으로 거부한다."라고 말했다.

'마귀에게 틈을 주지 말라'(엡 4:27)

우리가 꼭 기억해야 할 것은 절대로 말의 선포 기도를 일상생활 속에서 말로 무효화를 시키면 안 된다는 사실이다. 성부, 성자, 성령의 삼위일체처럼 새로운 피조물인 믿는 우리는 생각, 말, 행동을 일체화시켜야 한다. 축복으로 한걸음 한걸음씩 앞으로 전진하시기 바란다.

자유케 하시다

'무릇 이방인이 제사하는 것은 귀신에게 하는 것이요 하나님께 제사하는 것이 아니니 나는 너희가 귀신과 교제하는 자가 되기를 원하지 아니하노라'(고전 10:20)

오래전 10년 넘게 전도하는 친구가 있었다. 나를 불신자 때부터 봐왔던 친구였기에 예수를 믿은 후 나의 삶의 변화도 알고 있었다. 그래서 늘 기도하는 모습을 보여주고자 했고 믿는 사람으로서 본이 되고자 했다. 친구의 집은 종가집이라 매월 제사가 많았다. 사단의 자녀에게서 하나님의 자녀로 사는 축복이 얼마나 좋은 것인지 알게 하고 싶었고 그래서 더욱 하나님께 인도하고 싶었다.

잠시 성경을 살펴보겠다. 성경은 구약(옛 언약), 신약(새 언약)으로 나뉜다. BC(기원 전), AD(기원 후)는 예수님 탄생을 기준으로 나눠지게 된다. 즉 BC(Before Christ)는 예수 탄생 이전이고 AD(Anno Domini)는 예수 탄생 이후 그리스도 주의 해를 뜻한다. 현재를 'AD 2019'라고 표기할 수 있다.

성경은 구약 창세기부터 신약 마지막 요한계시록까지 기록되어 있다. 구약은 창세기를 시작으로 말라기까지 율법서에 해당하는 모세오경(창세기, 출애굽기, 레위기, 민수기, 신명기), 역사서(여호수아, 사사기, 룻기, 사무엘상, 사무엘하, 열왕기상, 열왕기하, 역대상, 역대하, 에스라, 느헤미야, 에스더), 시가서(욥기, 시편, 잠언, 전도서, 아가), 예언서(이사야, 예레미야, 예레미야애가, 에스겔, 다니엘, 호세아, 요엘, 아모스, 오바댜, 요나, 미가, 나훔, 하박국, 스바냐, 학개, 스가랴, 말라기)로 구분된다. 총 39권이다. 신약은 마태복음을 시작으로 마지막 요한계시록까지다. 4복음서(마태복음, 마가복음, 누가복음, 요한복음), 역사서(사도행전), 바울서신(로마서, 고린도전서, 고린도후서, 갈라디아서, 에베소서, 빌립보서, 골로새서, 데살로니가전서, 데살로니가후서, 디모데전서, 디모데후서, 디도서, 빌레몬서), 공동서신(히브리서, 야고보서, 베드로전서, 베드로후서, 요한일서, 요한이서, 요한삼서, 유다서), 예언서(요한계시록) 총 27권으로 성경은 구약과 신약 총 66권으로 되어 있다.

창세기(GENESIS)에서 아담(사람 또는 인류)은 하나님께 범죄하여 에덴동산에서 쫓겨나게 된다. 먹지 말라는 선악과를 먹었기 때문이다. '선악을 알게 하는 나무의 열매는 먹지 말라 네가 먹는 날에는 반드시 죽으리라'(창 2:17)라고 기록되어 있다. 하나님께서는 이미 경고하셨다. 먹으면 죽는다고 말이다. 선악과를 먹자마자 하나님께 죄를 범하게 됨으로 에덴동산에서 추방된다. 하나님의 생명이 떠나 영적으로 죽고 하나님과의 교제가 단절된 추방자가 된다. 일순간 자신의 잘못으로 다스리는 자에게서 추방자로 바뀐 것이다.

이 땅에서 이미 주인이 있었다. 사단(satan)이다. 일명 사탄(대적자, 반역자)이라고도 한다. 그래서 이 땅에서 태어난 모든 세상 사람들은 사단의 자녀, 마귀의 자녀라고 불리운다. 노예에게서 태어난 모든 자녀가 되물림 되는 노예가 되는 종이 되는 것과 같다. 아담은 왕인 자신의 위치를 죄를 범하므로 사단에게 내어줬기 때문에 사단의 종으로 살아갈 수밖에 없다. 에서가 자신의 장자의 명분을 야곱에게 팥죽 한 그릇에 내어준 것과 같다(창 25:27~34).

그러나 하나님께서는 인간을 너무 사랑하셔서 영적으로 회복할 계획을 세우신다. 영적으로 회복이 되어져야만 하나님과의 교제가 다시 이루어지기 때문이다. 그 방법은 하나님의 아들인 예수를 다시 사단에게 내어주는 것이다. 그래서 하나님의 아들인 예수님이 우리의 원죄(아담이 지은 죄)로 인해 십자가를 지시게 된다. 인류가 저지른 모든 죄와 질병을 짊어지시고 십자가에서 죽으신다. 예수님이 지옥으로 내려가셔서 얼마나 고통을 당하셨을까라는 것은 상상을 초월한다. 예수님은 3일 만에 영적으로 다시 살아나심으로 부활하신다. 모든 것이 회복된다. 영혼육의 자유. 할렐루야!

'그런즉 누구든지 그리스도 안에 있으면 새로운 피조물이라
이전 것은 지나갔으니 보라 새 것이 되었도다'(고후 5:17)

믿는 지금 우리는 새로운 피조물이다. 예수님께서 이루신 새로운 새 생명 가운데 우리는 새로운 종족이 되었다. 그래서 길거리에서 전도하는 분들이 "예수 믿고 구원 받으세요."라고 말씀하시는 이유이다. 예수님께서 우리의 모든 죄를 대신 짊어지고 고통 받으심으로 사단에게 값을 지불하셨기 때문에 우리는 예수를 믿으면 자유케 된다. 즉, 사단의 자녀에게서 하나님의 자녀로 바뀌게 되는 것이다. 예수를 영접하고 믿는 순간 우리는 영이 거듭남으로 하나님의 자녀로 하나님과의 교제가 회복되어 아담이 하나님과 대화했던 것처럼 우리도 하나님 아버지와 대화한다. 하나님의 아들이신 예수님을 통해 우리는 영혼육의 자유를 선물 받았고 아담의 다스림과 예수의 권세도 함께 선물 받았다. 할렐루야!

'우리에게 큰 대제사장이 계시니 승천하신 이 곧 하나님의 아들 예수시라'(히 4:14)

어느 날 친구와 통화 중 나는 저녁에 제사가 있다는 것을 알게 되었다. 그래서 제사가 시작되는 시간을 예측하여 조용히 방언기도를 하고 있었다. 1시간 동안 계속 어둠의 세력들을 쫓으며 기도했다. 그러던 중 환상으로 두 사람이 오는데 한 사람은 하얀 백발에 흰 소복을 입은 할머니였고 다른 사람은 흰 소복을 입은 젊은 여자였다. 둘이 같이 오다 갑자기 멈춰서더니 정말 나를 실제처럼 쳐다보는 것이다. 멀찌감치 2초 정도 나를 쳐다보던 할머니가 "영안이 열렸네."라고 말하더니 옆에 젊은 여자한테 "가자."라고 말하는 게 아닌가. 그리곤 정말이지 뒤돌아서 가버렸다. 제사상 앞으로 가려던 귀신이 돌아간 것이다. 하나님께 영광 돌린다. 할렐루야!

환상은 선명하고 내용이 정확하다. 또한 하나님이 주시는 계시이기 때문에 10년이 지나도 생생하게 지금 현실로 본 것처럼 기억난다. 계시는 감추어진 것이 드러나는 것이다. 우리에게 계시지식이 열려야 한다. 특히 사도 바울처럼 말씀의 계시가 열려야 한다.

'너희는 그들이 섬기는 신에게 절을 하거나 섬기지 말고 그들이 하는 짓거리를 그대로 따라하지 말고 오히려 그들의 우상을 때려 부수고 그들의 석상을 깨뜨려 버려라'(출 23:24)

20대 후반부터 유능한 피부관리사 실장을 우연하게 알게 되었다. 정말 이쁘고 관리에 탁월해서 다른 샵에 절대로 갈 생각이 없게 만드는 실력을 갖춘 실장이었다. 얼굴 보게 되면 스스럼없이 인사하고 담소를 나눌 정도의 친분만 유지하고 있을 뿐 더 이상의 진전은 없는 사이였다. 그러던 중 친아버지는 예수를 잘 믿으셨는데 본인은 정작 믿지 않는다는 말을 듣게 되었다. 그 말을 듣는 순간 누구나 같은 생각이겠지만 '전도해야겠구나.'였다.

 10년 넘게 알았어도 서로 집에 찾아간 적은 단 한 번도 없었다. 그렇게 친하지 않았기 때문이고 만날 때마다 전도는 사이사이 하고 있었지만 관심사가 다르기 때문에 집을 방문하게 될 일은 내 생전에 없을 거라고 예상했다. 그러던 어느 날 연락이 와서 실장님 집을 방문하게 됐다. 집 대문을 열자마자 놀란 것은 천정에 붙여진 부적이었다. 난 여러 집을 사역하러 다녔지만 벽이나 현관문이나 현관문 위에 붙여진 부적은 봤어도 거실 천정에 붙여진 노란 부적은 생전 처음 봤다. 그래서 "이게 뭐예요?"라고 말했다. 왜냐하면 그 당시 집을 방문하기 몇 주 전에는 이상하게 실장님을 자주 보게 되면서 하나님 말씀을 전하고 있었기 때문이다. 간증도 수도 없이 했다.

 나는 바로 "실장님 이거 내가 떼줄게요."라고 말이 떨어지기 무섭게 "그렇게 해주실래요? 무서워서 못 떼겠는 거예요."라고 말해서 "내가 떼줄게요."라고 말하곤 붙여진 노란 부적을 떼고 십자가를 쳐냤다. 그리곤 "이거 불로 태워야 하는데."라고 말하니 "라이터 있어요."라고 말하며 라이터를 가지러 갔다. 근데 라이터만 가지고 온 것이 아니라 몇 년간 복 부적이라며 들고 다녔던 작은 여러 부적을 3개나 더 가져온 것이다. 라이터를 보니 새 거였다. 그래도 혹시 몰라 라이터를 켜보고 잘 되는 것을 확인한 뒤 개수대로 갔다. 부적을 먼저 태우려고 라이터를 켜니 안 되는 것이다. 몇 번을 시도해도 아예 버튼이 들어가지도 않는 것이다. 실장님도 잘 되는 것을 옆에서 확인하였기에 "어머, 이거 왜 이러지?"라고 말했다.

결국 나는 옆에 있는 가스렌즈에 집게로 집어 부적을 다 태웠다. 그리고 나오는 길에 실장님 손을 잡고 축복기도를 해줬다. 그리고 2주가 지난 뒤 실장님한테 연락이 왔다. 토요일 시간 되면 차 마시러 와줄 수 있냐고 말이다. 난 토요일 별일 없으니 찾아가 본다고 답했다. 하나님은 늘 놀라운 일을 하신다. 방문하여 차 마시며 얘기를 나누는데 실장님 말이 항상 아침에 눈을 뜨면 몸을 움직이지 못해서 30분 동안 눈을 뜬 채 그대로 누워있다 일어나 아침 출근 준비를 한다는 것이다. 몇 년 동안 항상 그랬다는 것이다. 그런데 부적을 모두 태운 뒤부터 가위 눌리는 일이 단 한 번도 없어서 바로 일어나 너무 좋다는 것이다. 하나님께 영광 돌린다. 할렐루야!

실장님과 그 뒤부터는 하나님에 대한 교제가 더 자연스러워졌다. 몇 년이 더 흘러 중간에 4년 동안 없던 소식이 들리고 다시 연락이 됐다. 그 사이 결혼도 하시고 아들도 있고 자신만의 피부관리실을 소유하게 된 것이다. 나는 축하할 겸 찾아가 뵈었다. 한동안 연락이 없던 탓에 약간 서먹하긴 했지만 전에 줬던 조엘 오스틴 목사님 책은 반복해서 몇 번 읽었다는 얘기로 서로가 편안하게 대화했다. 그리곤 나도 오픈 기념으로 등 마사지를 받기로 했다. 하나님은 항상 사랑하는 자를 보살피시는 하나님이시다. 친아버지가 돌아가시기 전에 딸을 위해 했던 심은 기도 때문이었는지 딸이 뭔가 영적으로 영향을 받으면 만나게 하는 은혜가 있었다. 하나님께서 나를 파견하시는 거 같았다.

'하나님의 아들이 나타나신 것은 마귀의 일을 멸하려 하심이라'(요일 3:8)

그날도 등 마사지를 받는 중 뭔가 이상한 느낌이 들었다. 웬 여자가 샵을 돌아다니는 것이다. 그래서 이상하다고 원장님(실장님)한테 말했다. 그래서 솔직하게 "어떤 젊은 여자가 자꾸 보여서요."라고 말하니 한참 동안 말이 없다 말을 하기 시작했다. 얘기를 들어보니 건물이 주상복합층이라 피부관리실 위층에 살림집이 있다는 것이다. 근데 처음에 건물주가 집을 너무 저렴하게 해줘서 너무 기쁜 마음에 선뜻 계약을 했는데 들어오고 지내면서 이상한 냄새가 계속 났다는 것이다. 그래서 방향제를 열심히 뿌리고 향기나게 하는데도 여간해서 잘 빠지지가 않았다는 것이다.

그런데 어느 날 다른 층에 사시는 분을 만나게 됐는데 괜찮냐고 물어봤다는 거다. 그래서 왜 그러시냐고 물어보니 그 집에 젊은 아가씨가 살았는데 자살했다고 얘기를 하더란다. 그때 얼마나 놀랐는지 신랑이랑 한동안 잠을 못 잤다고 했다. 그래서 내가 "그럼 그 여자인가 봐요."라고 말하곤 마사지를 마친 뒤 쫓으며 방언기도를 세게 했다. 그 다음 주에 다시 가서 확인해보니 보이지 않았다. 원장님께도 물어보니 전에 좀 이상한 느낌이 있었는데 이제 괜찮아졌다는 것이다. 기도의 위력을 경험한 탓에 하나님을 신뢰했다.

더구나 만날 때마다 "예수 이름으로 쫓으면 돼요."라는 소리를 하도 많이 해서 이젠 쫓는다는 말이 생소하지도 않고 거부감도 없이 그렇게 하면 되는가 보다라고 생각한다. 그 다음부터는 또 본격적으로 믿음을 가져야 한다고 만날 때마다 교제하기 시작했다. 매일 말씀을 직접 손으로 쳐서 폰으로 보내주기 시작한 지 5년이 넘는다. 그리고 작년에 피부관리실에서 예수를 영접하고 그 즉시 방언을 받았다. 할렐루야!

말씀의 실재가 좋다며 꼭 읽은 뒤 카톡으로 아멘을 보내신다. 개인적으로 말씀을 보낸 뒤 읽은 건지 안 읽은 건지 확인할 수가 없어서 "아멘 안 하면 말씀 안 보내요."라고 협박한다. 그 뒤부터는 말씀만 보내면 말씀 받는 모든 사람들이 죄다 "아멘."이라고 카톡으로 답변을 한다.

'하나님은 그를 의지하는 자의 방패시니라'(잠 30:5)

성경에 귀신은 마귀의 졸개이다. 예수님께서 지옥에 가셔서 사단, 마귀를 무장해제시켰기 때문에 예수 믿는 자들에 대한 권세가 없다. 그래서 예수 이름으로 쫓으면 귀신은 떠나갈 수밖에 없는 것이다. 커리 목사님께서 예수 믿는 자는 귀신 쫓는 것이 세상에서 가장 쉬운 일이라고 말씀하셨다. 할렐루야!

'통치자들과 권세들을 무력화하여 드러내어 구경거리로 삼으시고 십자가로 그들을 이기셨느니라'(골 2:15)

비슷한 사건이 있었다. 은사 받고 3년 되었을 때였다. 외출 준비를 하고 시간적 여유가 있어서 방언기도를 하고 있었다. 새로운 사람을 만나게 되면 미리 기도하고 만나는 게 습관이 되어 항상 기도를 하고 외출을 나갔다. 근데 기도하는 중 이상하게 베란다에서 어떤 젊은 여자애가 왔다 갔다 하는 환상을 보게 되었다. 좀 이상하단 생각을 하고 외출을 나가 소개받은 분 댁으로 찾아갔다.

　집에 들어가자마자 눌린 듯한 집 분위기에 기분이 썩 좋지가 않았다. 젊은 20대 중반의 활달하고 사교적인 이쁜 여자가 그 집에 살고 있었다. 차를 마시며 이 얘기 저 얘기를 나누는 중 원인을 알게 되었다. 만나 이야기를 나눈 지 20분 만에 대화 주제가 하나님 말씀으로 자연스럽게 방향이 흘러가고 있었는데 자신은 고등학교를 미션스쿨을 나왔다며 지금 교회에 나가지는 않지만 하나님에 대해 아주 모르는 건 아니라고 말했다. 본인도 때가 되면 믿음을 갖고 싶다는 말도 했다. 그러면서 갑자기 집 얘기를 하는 것이다. 이 집에 이사 오면서 아침에 못 일어나 고생을 한다는 거다. 눈은 뜨고 있는데 몸을 도저히 움직이지 못해 꼼짝 못하고 있다 한참 지난 뒤 간신히 일어난다는 것이다. 매일 아침마다 그러니 너무 힘들다고 말했다.

　그런데 그 뒷얘기가 더 충격이었다. 이사 오고 매일 그러다 보니 몸도 안 좋아졌단다. 이사를 가고 싶은데 집도 안 나간다는 것이다. 한 번은 옆 동에 살고 계신 분이 계속 이상하게 쳐다보다 자기한테 말을 걸더니 하는 말이 괜찮냐는 것이다. 그래서 뭐가 괜찮냐고 물어봤다고 했다. 그분 말씀이 지금 살고 있는 그 집에서 중학교 2학년 여학생이 작은 방에서 목매달아 죽었다는 얘기를 해주시더란 말이다. 그 말에 너무 충격을 받았다고 했다. 애초 그런 집이었다면 이사 오지도 않았을 거라고 말했다.

그래서 하나님의 역사하심에 대해 한참 이야기를 나눴다. 그리고 여자분의 머리에 손을 얹고 기도했다. 예수의 이름으로 강하게 쫓고 방언기도를 하니 힘든 마음이 느껴져 가슴에 손을 얹고 한참 동안 기도해줬다. 눈을 뜨고 보니 울고 있는 게 아닌가. 하나님의 터치가 있었던 것이다. 왜 그런지 자기는 모르겠지만 갑자기 가슴이 뜨거워지며 눈물이 났다고 했다. 난 이미 그 집안에 있던 어둠이 떠나간 걸 알 수 있었다. 하나님께 영광 돌린다. 할렐루야!

우리는 믿음의 장성한 분량까지 성장해야 한다. 그렇게 되면 예수를 믿는 우리가 어떠한 장소에 가더라도 어둠이 미리 무서워 떠날 것이기 때문이다. 우리 안에 계신 예수님을 보고 마귀는 줄행랑을 칠 것이다. 모든 이름 위에 뛰어난 이름 예수 이름으로 누구든 자유케 할 수 있다.

'예수께서 이르시되 사탄이 하늘로부터 번개 같이 떨어지는 것을 내가 보았노라' (눅 10:18)

어찌된 이유인지는 모르지만 옷에 붙은 귀신의 사역도 많이 한다. 그래서 개인적으로 5년 이상 옷장에 그대로 있는 옷은 당장 가서 버리라고도 말해준다. 한두 번이 아니었기 때문에 저자는 사람의 형상을 닮은 인형, 골동품을 좋아하지 않는다. 10년 정도 된 이야기다. 친분이 있고 새벽기도도 많이 하시는 분이셨다. 방언 받기 전이셨는데 항상 낮잠이든 밤잠이든 눕기만 하면 가위에 눌려 소리지르신다고 들었다. 그분의 기도를 계속 하다 보니 하나님께서 꿈으로 그 정체를 알려주셨다. 늘 기도하면 자유케 하시는 하나님께서 정체를 보여주신다. 꿈에 이쁘고 아름다운 한복에 사진이 붙어 있는데 그 사진을 보니 젊은 여자였다. 귀신이었다. 그 순간 여자무당이 입구 쪽 문에 나타나 내가 사진을 손가락으로 가리키며 "이거 귀신 맞죠?"라고 쳐다보며 물어보자 그 무당이 웃으면서 나가는 꿈이라 기분이 아주 나빴다. 그래서 그분께 한복이 있냐고 여쭤본 뒤 설득하여 버리도록 했다. 결론은 그 한복을 버리고 나서 가위라고는 단 한 번도, 다시는 눌린 적이 없었다. 할렐루야!

하나님은 알 수 없는 방법으로도 자유케 하신다. 이 일도 7년쯤 된 듯하다. 40대 초반 되시는 여자분이셨는데 하나님에 대해 전도 받고 이끌림에 만나게 된 귀한 인연이었다. 2시간 교제 끝에 영접시키고 바로 방언 받으면서 말씀으로 교제하기 시작했다. 그러던 어느 날 기도하는 중 하나님께서 "브래지어를 선물해라."라고 하시는 거다. 정말이지 난 잘못 들었는 줄 알았다. 이게 무슨 생뚱맞은 말씀인가 싶었다. 그래서 일주일 동안 정말 그분의 가슴만 쳐다봤다. 브래지어 사이즈를 물어볼 수도 없고 여러 사이즈를 대며 방언기도를 하면서 속으로 '아버지 이 사이즈가 맞나요?'라며 정말 맞추기를 했다. 지금 생각해보면 우습게 들리겠지만 순종하는 마음으로 무조건 하자였다.

결국 성령의 인도를 받아 사이즈도 모른 채 이쁜 브래지어로 선물했다. 재미있는 사실은 그분이 "제 사이즈 어떻게 아셨어요?"라는 대답이었다. 그래서 솔직하게 "아버지한테 물어봤어요."라고 말했다. 놀란 표정이었지만 난 그간 있었던 웃긴 일들을 말하진 않았다. 그런데 놀라운 사실은 그분에게 수년 동안 가슴 통증이 있었다는 것이다. 그래서 건드리는 것조차 힘들어하셨다고 했다. 더 놀라운 건 하나님께서 말씀 주신 선물을 한 브래지어를 착용한 뒤부터 가슴 통증이라곤 지금까지(선물 후 6년간) 없다는 사실이다. 할렐루야!

가끔 생각한다. 나의 손에도 성령의 능력으로 전달해준 것밖에는 없는데 바울의 능력, 예수님의 능력의 치유가 있었다는 것이다. 또 다른 예가 있다. 그분은 내가 입었던 자켓을 방 안에 걸어둔 것밖에는 없었다는데 어느 날 침대 발치에 서 있던 장신의 남자 귀신이 걸어둔 날로부터 보이지 않았다는 것이다.

'심지어 사람들이 바울의 몸에서 손수건이나 앞치마를 가져다가 병든 사람에게 얹으면 그 병이 떠나고 악귀도 나가더라' (행 19:12)

엘리야의 겉옷, 바울의 손수건과 앞치마에 능력이 나타난 것 같이 믿는 우리가 입는 옷에도 기름부음이 묻어난다. 그 기름부음으로 인해 악한 영들이 떠나갈 수 있는 성령의 능력 주심에 하나님께 감사하다. 할렐루야!

'우리의 씨름은 혈과 육을 상대하는 것이 아니요 통치자들과 권세들과 이 어둠의 세상 주관자들과 하늘에 있는 악의 영들을 상대함이라' (엡 6:12)

잠깐 동안 하나님께서 돕는 자로 나를 붙이신 다른 예도 있다. 정말 예쁘고 상냥하시고 나무랄 데 없는 집사님이셨다. 내조도 잘하시고 아이들도 잘 키우시는 데다 교회에 헌신적이셨다. 집사님께서는 나를 만나기 7년 전쯤 조화꽃으로 작품을 만들어 전시하는 취미생활도 하고 계셨다. 사람이 무언가를 만들 때는 생각을 조심해야 한다. 영화 속에서나 만화 속에서나 있을 법한 물건에 붙은 귀신의 일이 현실에도 있다는 것이다. 저자는 그런 사역을 수도 없이 많이 했다. 정말 믿기지 않을 정도로 묶여있는 물건을 버리고 나면 집안에 일이 잘 풀려졌다.

아무튼 어찌된 영문인지 기도해보니 그 작품에 귀신이 붙어 집안을 안 좋게 헤집고 있었다. 남편분도 오래전 TV를 보려고 거실에 가는데 귀신이 그 작품 뒤로 숨는 것을 보았다는 것이다. 그래서 아내인 집사님께 말했다고 했다. 나중에 들은 얘기지만 남편분과 아이 문제로 마음이 많이 힘드신 중에 작품을 만들었다는 것을 알게 되었다.

사람들은 왜 자신의 경험만 중요하고 가까운 다른 분들의 충고나 조언을 무시하는지 때로 의심스럽다. 듣고 싶지 않을 때에도 필요하면 들어야 한다. 남편의 말을 듣고 바로 버렸어야 할 일이 7년 동안 집안에 계속 있었던 것이다. 집안에 우여곡절도 많았고 늘 좋았다 나빴다 삶이 힘들었다. 그래서 나는 성령의 인도로 집사님께 그 작품이 아깝고 비용 생각이 나더라도 지금 버리시는 게 좋겠다고 충고했다. 집사님께서는 버린다고 바로 약속을 하셨다.

어느 순간 기도하는 중 버리지 않은 느낌이 확실하여 바로 전화하고 확인한 결과 아까워서 버리지 못했다는 것이다. 그래서 나는 바로 귀신이 붙어 있는 물건을 버리려고 하는 찰나 아까워서 못 버리게 마음을 미혹시키고 눈도 미혹하여 정말 이뻐 보이게 한다고 말했다. 그 말을 듣자마자 정신이 드셨는지 그 야밤에 바로 버리셨다. 그 뒤 집안에 모든 일들이 정말 거짓말처럼 술술 풀리기 시작했다. 남편분의 사업도 잘 되고, 좋은 집으로 이사도 하고, 아들은 미국으로 유학까지 보냈다. 하나님의 은혜는 끝이 없으시다. 하나님께서 아들인 예수님의 이름으로 어둠의 세력들을 모두 쫓아낼 수 있는 권세를 우리에게 주셔서 감사드린다. 할렐루야!

'믿는 자들에게는 이런 표적이 따르리니 곧 그들이 내 이름으로 귀신을 쫓아내며 새 방언을 말하며' (막 16:17)

최근 이야기다. 나이가 있으신 선생님이 장례식장을 다녀오셨다. 장례식장에 간다기에 미리 기도하고 들어가고 묻어나지 않도록 권면했다. 말 그대로 자칫 잘못하다 귀신이 따라붙는 경우가 있기 때문이다. 그래서 장례식장에서 너무 심하게 곡하는 것을 개인적으로 좋아하지 않는다. 근데 선생님이 다녀오시고부터 계속 눈여겨보니 내내 기운이 하나도 없어 보이는 것이다. 그래서 아무래도 안 될 거 같아 잠시 붙잡고 조용한 곳으로 가서 예수의 이름으로 쫓아줬더니 금세 좋아지셨다. 선생님 말씀으론 장례식장에 다녀오고부터 괜히 기운도 없고 맥도 없고 몸이 무거웠다는 것이다. 근데 기도하고 그 즉시 편안해지셨다.

귀신은 예수의 이름을 가장 무서워한다. 사단. 마귀를 지옥에서 무장해제시키고 그들을 이기셨기 때문이다. 사단. 마귀의 졸개가 귀신이다. 특히 귀신은 어둡고, 습하고, 지저분하고, 추운 곳을 좋아한다. 그래서 믿는 우리들은 부지런하고 깔끔해야 한다. 어두운 곳을 좋아하는 분은 자신의 영적 상태를 또한 점검해봐야 한다. 우리는 빛이기 때문에 밝은 곳을 좋아하는 것이 당연한 것이다.

'근신하라 깨어라 너희 대적 마귀가 우는 사자 같이 두루 다니며 삼킬 자를 찾나니' (벧전 5:8)

또 하나 있다. 어린이집 보건선생님께서 어머님 돌아가시고 장례를 치르신 뒤 출근을 하셨는데 얼굴을 뵙자마자 뭔가 이상하단 생각이 들었다. 이틀 지나 아무래도 안 될 듯싶어 또다시 붙잡고 조용한 곳으로 데리고 갔다. 말씀을 들어보니 어머님 돌아가시고 마음이 너무 안 좋으셔서 많이 우셨다고 하셨다. 그런데 이상하게 종아리가 천근만근이고 너무 무거워서 다니기가 힘들다는 것이다. 나는 이러한 상황에 대한 영적 상태를 설명해드렸다. 그리고 해결하기 위해 바로 머리에 손을 얹고 예수의 이름으로 쫓았다. 그 즉시 바로 무거웠던 다리가 가벼워지며 얼굴도 뭔가 가면을 벗은 것처럼 환해지면서 컨디션도 오후 내내 너무 좋으셨다는 사실이다. 우리는 영적 분별력이 필요하다. 영적인 눈을 계속해서 키워야 한다.

9년 전 경험한 탓에 장례식장에 누군가 다녀오셨다고 하면 유심히 쳐다보는 버릇이 그때부터 생겼다. 한 번은 저녁 무렵 나는 식탁에 앉아 있었고 언니는 서류 작업하러 컴퓨터 방에 들어가려는 찰나 언니 등 뒤에 매달린 귀신을 본 적 있었다. 나는 언니가 장례식장에 다녀온 줄도 몰랐다. 장례식장에 들어가기 전에 기도 많이 하고 들어가라고만 말해줬다. 장례식장 간다고 하면 별로 좋아하지 않으니 말도 안 하고 다녀온 것이다. 근데 일주일 동안 아무 일도 없고 평소에 하던 패턴대로 생활하는데 언니를 보니 괜히 기운이 없고 맥도 없고 무척이나 피곤해하는 것이다. 그래서 그때도 좀 이상하단 생각을 하고 있었다. 저녁 무렵 언니가 뒤돌아서 컴퓨터 방에 들어가는데 순간 영적인 눈이 열려 보게 된 것이다. 그래서 언니를 다그쳤다.

"언니 솔직히 말해. 어디 다녀왔어?"

결론은 꼭 가야 할 자리였기에 다녀올 수밖에 없었다고 실토를 한다. 바로 예수의 이름으로 쫓으니 사라졌다. 이런 일들이 수년간 여러 번 있었기 때문에 더욱 영육 간에 강건하게 무장하고 다녀오길 권장한다.

> '그는 하늘에 오르사 하나님 우편에 계시니 천사들과 권세들과 능력들이 그에게 복종하느니라'(벧전 3:22)

모든 문제의 해답은 예수 이름이다. 우리는 귀신에 눌린 자들을 자유케 하는 권세를 가지고 있다. 두려워할 것이 아무것도 없다.

축복의 땅으로 가라

> '여호와께서 아브람에게 이르시되 너는 너의 고향과 친척과 아버지의 집을 떠나 내가 네게 보여줄 땅으로 가라'(창 12:1)

사람들은 좋은 집, 복이 되는 집을 찾는다. 누구나가 복 있는 집에 가서 복 받고 살길 바란다. 그래서 설날이 되면 복주머니를 가지고 복 받으러 다니는 게 아닐까 싶다. 그러나 세상 사람들이 가지고 있지 않은 것을 하나님을 믿는 자들은 가지고 있다. 우리는 하나님과 맺은 언약의 백성, 축복의 백성이라는 것이다. 하나님을 믿음으로 우리는 이미 이 땅에서 승리하는 자로 임명 받았다. 예수 그리스도의 승리가 우리를 환경의 승리자, 사단의 주인으로 세워주셨기 때문이다. 할렐루야!

오래전 갑자기 연락 온 피부관리실 원장님을 뵈러 갔었다. 가서 보니 아는 후배가 있어 반가운 마음에 그간 소식들을 서로 물었다. 알지 못하는 사이 후배는 지병으로 시종일관 눈을 뜨고 있는 모든 시간에 빈혈, 두통에 시달리고 있었다. 약을 먹어도 소용이 없었다고 했다. 그래서 전국에서 열리는 유명한 치유집회를 여기저기 쫓아다니고 있었고 치유집회 중 한 번은 치유를 받아 앞에 나가서 간증까지 한 인터뷰가 인터넷에 올라와 있었다고 했다. 그런데 얼마 시간이 지나자 다시 두통과 빈혈이 시작됐다고 했다.

우리 둘은 조용히 얘기를 나누다 내가 먼저 "그럼 나랑 같이 한 번 기도해봐요."라고 말하곤 고객들이 없었기에 피부관리실 안쪽에서 서로 각자의 방언으로 기도하며 기도를 하고 있었다. 눈을 감고 기도를 하는 중 자꾸 눈을 뜨고 싶은 것이다. 왜 그런지 뭔가 소리도 나서 나는 기도하다 순간 눈을 살짝 떠봤다.

후배가 아빠 다리를 하고 기도를 하는데 앉았다 뒤로 넘어졌다를 쉬지 않고 반복하며 기도를 하고 있었다. 나는 순간 '이게 뭐지?'라고 생각했다. 기도하다 말고 나는 "왜 그래요?"라고 물었다. 후배 말은 예전에 교통사고가 난 뒤부터 증상이 시작됐고 성령의 바람으로 본인은 기도하면 뒤로 넘어간다는 것이다.

나는 생각했다. 하나님께서 뒤로 쉬지 않고 넘어가게 하는 힘든 기도를 하게 하실 리가 없다는 것이다. 그래서 한참 동안 기분 나쁘지 않게 설명했다. 성령의 불, 성령의 바람은 맞지만 기도하면서 앉았다 넘어졌다를 쉬지 않고 하려면 체력 소모가 많이 되는데다 그렇게 하다보면 어느 순간 기도하기가 힘들어져서 기도할 수가 없다고 말이다. 기도는 기쁘게 감사함으로 해야 한다. 하나님께서 기도를 시작하면서 마음에 부담감과 힘듦을 가지고 기도하는 것을 원하실 리가 없다.

그래서 후배에게 "나랑 같이 기도해봐요. 그건 아닌 거 같아요."라고 결론을 말하곤 후배 머리 위에 손을 얹고 강력하게 예수의 이름으로 쫓았다. 다음에 또 만날 것을 약속하고 헤어졌는데 이틀 지나 전화가 왔다. "언니 좀 만나요."라고 말하여 다시 한 번 중간 지점인 피부관리실에서 만났다. 참 다행스러운 것은 하나님께서 꼭 만남의 교제를 해야 할 중요한 시점에서는 아무도 방해하지 않도록 도우신다. 후배의 말을 들어보니 기도를 받은 뒤 저녁에 기도를 하는데 뒤로 넘어가지를 않았다는 것이다. 더군다나 항상 기도하는 중 1시간이 넘으면 순간 무서운 생각이 나서 1시간 이상을 기도하지 못했다고 했다. 근데 넘어가지도 않을 뿐더러 무서운 생각도 안 나고 2시간 넘게 기도를 했다는 것이다. 그래서 하루가 지나 다음날도 상황이 같아서 만나자고 했단다. 두통도 확실히 덜하다고 했다. 할렐루야!

후배의 말로는 교통사고 뒤 증상이 나타났다고 했다. 추측할 수 있는 것은 교통사고가 있던 날 그 순간 후배는 사고가 나면서 두려움이 엄습하여 무서웠을 것이다. 그 두려움과 무서운 틈으로 악한 영들이 침투했다고 볼 수도 있다. 하나님께서는 '두려워하지 말라.'라고 성경에 수도 없이 말씀하신다.

'여호와 그가 네 앞에서 가시며 너와 함께 하사 너를 떠나지 아니하시며 버리지 아니하시리니 너는 두려워하지 말라 놀라지 말라'(신 31:8)

후배가 체험이 되자 믿음의 교제도 더 자주 하게 되고 만남도 자주 이루어졌다. 그러던 중 선배 언니에 대해 말하며 잠시 그 집에 가서 차 한 잔 마시자고 권했다. 하나님께서는 만나야 될 자들에게 인도하시는 하나님의 계획이 있으시다. 선배 언니는 갑자기 뜻하지 않게 이사 문제로 골머리를 앓고 있었다. 집주인이 연락이 왔는데 주인이 산다면서 2달 기한을 주고 집을 구하라고 통보가 왔다는 것이다. 그래서 부동산에 가서 집을 내놓고 구해야 한다며 몹시 걱정하고 있었다.

하나님께서 돕는 자로 나를 보내셨기에 "언니 제가 은사가 있어서요. 받아들이시는 것은 언니의 뜻이지만 기도해봐 드릴 수 있어요."라고 말했다. 언니가 가는 집마다 동호수를 알려달라고 했다. 선배 언니 말인즉 지금 사는 집에 이사 와서 남편의 사업이 정말 쫄딱 망해서 지금 아주 힘들다는 것이다. 그래서 나중에 이사할 때는 꼭 기도하시는 분께 기도해보고 이사 가고 싶다는 마음을 항상 했다고 한다.

'너희 염려를 다 주께 맡기라 이는 그가 너희를 돌보심이라'

(벧전 5:7)

며칠 뒤 선배 언니는 집을 보러 간다며 다녀와서 연락을 하겠다고 했다. 다음날 아침 7시 30분경 전화가 왔다. 설명을 들어보니 부동산에서 연락이 와서 집을 보러 갔는데 갑자기 등 뒤에 뭐가 붙은 느낌이 들었다는 것이다. 잠 한숨을 못 자고 날밤을 샜다며 어떻게 해야 하냐고 물었다. 나는 즉시 예수의 권세로 쫓았다. 그리곤 "언니 하나님은 모든 걸 다 아세요. 가지 않아도 동호수만 알려주셔도 돼요."라고 말해줬다.

언니는 바로 잠도 잘 자고 그 뒤부터는 무섭다며 동호수만 알려줬다. 그래서 동호수로만 정말 기도했다. 선배 언니가 살 축복의 집인지 말이다. 결론은 기도해보니 정말 이상한 집들이 많았다. 귀신이 있는 집. 시체가 걸려 있는 집. 남편이 바람날 집. 싸울 집 등등 선배 언니에게 추천한 집은 고기 구워 먹는 집(풍성함)이었다. 단. 말씀과 기도로 잘 사시고 남편이 사업으로 인해 바빠지더라도 짜증내지 말고 남편을 잘 섬기라고 권유했다. 1년 뒤 쇼핑몰에 가서 이것저것 구경하고 있는데 선배 언니를 봤다. 선배 언니는 너무 좋아 보였고 쇼핑하러 나왔다며 즐거워했다. 할렐루야!

'영접하는 자 곧 그 이름을 믿는 자들에게는 하나님의 자녀가 되는 권세를 주셨으니'(요 1:12)

은사를 사모하라

'그의 신기한 능력으로 생명과 경건에 속한 모든 것을 우리에게 주셨으니 이는 자기의 영광과 덕으로써 우리를 부르신 이를 앎으로 말미암음이라'(벧후 1:3)

재미있는 이야기가 있다. 하나님은 여러 다양한 방법으로 나의 삶 속에 나타나셨다. 그리고 알게 하셨다. 하나님을 제한하지 않고 심령을 연다면 누구나 하나님을 만나게 될 것이다. 저자가 어느 날 너무 많이 먹고 있다는 걸 깨달았다. 다이어트를 밥 먹듯이 하다 요요도 자주 왔고 운동만 안 하면 한 달 내 3kg 찌는 것은 일도 아니었다. 그래서 점점 불어나는 몸무게를 보고 하나님께 "아버지 저 많이 먹을 때 STOP 좀 해주세요."라고 말했다. 그러던 어느 날 정말 내가 생각해도 너무 많이 먹고 있다는 생각이 들었다. 생각은 생각대로 입은 맛있으니 자꾸만 먹고 있었는데 그 순간 하나님께서 "그만 먹어라."라고 말씀하신다. 그래도 속으로 '한 번만 더 먹어야지.'라고 생각하자마자 다시 "그만 먹어라."라고 말씀하셨다. 하나님은 유머가 있으신 다정한 분이시다.

'네 속에 있는 하나님의 은사를 다시 불일듯 하게 하기 위하

여 너로 생각하게 하노니'(딤후 1:6)

8년 전 언니가 석사모임을 했을 때 일이다. 집에 다섯 분을 초대하여 식사와 차를 대접하는 중 지도교수님께서도 함께 참석하여 화기애애한 분위기였다. 모두가 다 예수를 믿는 자가 아니었기에 나는 하나님만 아시는 정보가 필요했다. 특히 지도교수님은 서울대 출신이신지라 정확하고 무엇보다 마음의 큰 감동을 주는 것이어야 했다. 왜냐하면 결혼 전 교회에서 찬양단원을 할 정도로 열심히 다니셨다고 들었기 때문이다. 그런데 결혼 후 50년 이상을 교회에 나가지 않으신 것이다. 그래서 더 은밀하고 하나님만 아시는 비밀을 알아야 했다.

그래서 하나님께 속으로 물었다. "아버지, 아무도 모르는 정 교수님 비밀 하나만 알려주세요."라고 말이다. 하나님은 조용히 내게 "비상금 5천만원."이라고 말씀하셨다. 그 순간 나는 그 말을 언제 해야 되나 싶어 때를 기다리고 있었다. 서로가 나누는 대화를 중간에서 무작정 끊을 수가 없기 때문이었다. 그러다 언니가 믿음 얘기를 시작하자 분위기가 하나님의 말씀으로 기울어졌다. 이때다 싶어 "교수님, 하나님께서 교수님 비상금 5천만원 있다고 하시는데요."라고 말씀드렸다. 다른 분들 모두 동시에 지도교수님을 쳐다봤고 그게 맞는지 확인하고 싶어 하는 눈치였다.

지도교수님은 모른 척 다른 대화를 주제로 20분을 이어가셨다. 내가 잠시 화장실에 간 사이 일제히 똑같이 물어보셨다고 했다. "교수님 진짜 비상금 5천만원 있으세요?"라고 말이다. 한참 동안 뜸을 들이신 지도교수님께선 "지금 5천만원 있어. 맞어."라고 하시는 것이다. 내가 화장실에서 나오자마자 다들 분위기가 난리가 났다. 할렐루야!

내가 의도했던 것은 감추어진 것을 들추는 것이 아니라 살아계신 하나님께서는 모든 것을 알고 계시고 지도교수님이 다시 믿음을 갖길 바라신다는 것을 알려드리고 싶었을 뿐이다.

'나의 계명을 지키는 자라야 나를 사랑하는 자니 나를 사랑하는 자는 내 아버지께 사랑을 받을 것이요 나도 그를 사랑하여 그에게 나를 나타내리라'(요 14:21)

가끔 어쩌다 투시가 열릴 때가 있는데 오래전 근무했던 어린이집에서 처음으로 그랬다. 아이들 식사 시간이 다 끝나 선생님들 점심 식사 시간이 되었다. 원장님께서는 선생님들 사이에 얼굴 맞대고 보기도 어렵다며 점심 때라도 얼굴 보자는 의미에서 함께 식사를 했다. 그때 언니의 제자인 선생님이 앞에서 함께 점심을 먹으러고 앉았다. 앉자마자 눈을 감고 조용히 각자 소리내지 않고 기도를 시작했고 나도 눈을 감고 내 식사기도를 하고 있는데 선생님 목소리로 기도하는 내용이 다 들리는 것이다. 순간 나는 당황하여 눈을 뜨고 보니 아직 선생님은 눈을 감고 입은 다물고 기도 중이다. 그래서 선생님이 눈을 뜰 때까지 기다렸다 선생님한테 "선생님. 선생님 기도 소리가 들렸네요. 무슨 기도하는 줄 다 들었네요."라고 하니 놀래면서 웃었다. 가족기도였다.

'우리가 알거니와 하나님을 사랑하는 자 곧 그의 뜻대로 부르심을 입은 자들에게는 모든 것이 합력하여 선을 이루느니라' (롬 8:28)

오래 전 한 번은 교회에서 있었다. 장로교회이기 때문에 조용히 기도하는 분위기 속에 방언기도 소리가 들리면 유난히 튄다. 그래서 몇 년 전 사모님께 음악을 틀어주시면 좋겠다고 건의를 드렸고 지금은 예배 전 항상 잔잔한 CCM을 틀어주셔서 말 그대로 기도할 맛이 난다. 어쨌든 나름 다른 분들도 기도를 해야 하니 큰 방해를 끼치고 싶지 않기에 주일예배 때 항상 교회 맨 뒷자리에 앉아 기도를 한다.

앞서 말했던 것처럼 초신자. 방언 받기 전엔 입을 다물고 생각하며 기도하는 것이 익숙했지만 소리내서 입을 열고 기도하기 시작하면서 입을 다물고 기도할 수가 없다. 아무튼 그날도 맨 뒷자리에 앉아 눈을 감고 방언기도를 하고 있는데 불쑥 전에 선생님이 속으로 기도하는 목소리가 들렸던 것처럼 또 똑같은 느낌으로 누군가 남자 목소리로 "자리 잘못 앉았네."라는 소리가 들리는 것이다. 속으로 말하는 소리가 들릴 때는 입을 열어 소리를 내는 음성과는 좀 다르다. 그래서 눈을 뜨고 보니 내가 앉은 자리에서 두 번째 앞쪽 자리에 남자분이 앉으셨는데 그분이셨다. 조용히 눈을 감고 기도하고 계셨다.

항상 언니는 주일예배 때 플룻으로 찬양단에 서기 때문에 언니와 같이 일찍 교회에 간다. 그러면 난 예배 시작 전 기도를 30분은 더 할 수 있어 뒷자리에서 큰 소리도 아닌 적당한 소리로 방언기도를 한다. 사람들이 아직 많이 오지 않았기 때문에 그분이라는 걸 알았다. 앞쪽에 앉으신 분들이 거의 없었고 그 목소리가 들리자마자 1분도 안 돼서 그 남자분이 다른 자리로 옮기셨기 때문이다.

'그들이 다 성령의 충만함을 받고 성령이 말하게 하심을 따

라 다른 언어들로(방언) 말하기를 시작하니라'(행 2:4)

　　방언은 성령 충만 받길 원하는 믿는 자들의 필수적인 언어이다. 방언을 사용하면 할수록 우리는 영적으로 민감해질 뿐만 아니라 영적 감각이 발달된다. 사도 바울은 육신에 속한 자 즉 교회에 다니고 하나님을 믿지만 성령의 일을 믿지 않고 어리석게 보는 자들이라고 했다. 하나님을 믿는 자들은 영혼구원 받으면 성령 충만 받아야 된다. 성령님의 사역을 우리 삶 속에 열어드려야 한다. 성령께서 자유롭게 일을 하실 수 있도록 말이다.

> '육에 속한 사람은 하나님의 성령의 일들을 받지 아니하나니 이는 그것들이 그에게는 어리석게 보임이요. 또 그것들을 알 수도 없나니 그러한 일은 영적으로 분별되기 때문이라'
> (고전 2:14)

　　하나님은 영이시고 하나님의 자녀인 우리도 영이다. 그러기 때문에 특히 영적인 일들을 많이 알아야 하고 영적 지식의 필요성이 더 두드러진다. 믿는 자들이 모르고 어둠의 세력으로부터 당하는 일들이 많은 것은 영적 지식이 부족하기 때문이다. 정말이지 옆에 귀신이 붙어 다니는데도 모른다. 영적인 일들도 각자 경험되어진 바가 다 다르다. 내가 그렇게 경험하지 않았다고 해서 다른 사람들이 경험되어진 영적 체험을 무시하거나 없다고 할 수 없다. 그 경험도 영적 수준에 따라 다르기 때문이다.

성령님께서 나의 경험, 나의 생각과 사고에 맞춰 계시해주신다. 영적 성장에 따라 말씀의 위치와 내적 증거도 달라지고 사고도 달라지는 것이 이러한 이유에서다. 성령님께서 내가 알고 있는 성경의 지식, 말씀, 사건으로 조명해주시기 때문이다. 한 단계, 한 단계 앞으로 나아가는 하나님의 군사로서 전진하길 바란다.

'성령이 친히 우리의 영과 더불어 우리가 하나님의 자녀인 것을 증언하시나니' (롬 8:16)

저자는 성령님을 궁금해하고 열린 마음을 갖기 시작하면서 많은 성령의 체험을 하게 되었다. 방언 통변(해석)도 가능해졌다. 하지만 하나님께서는 은밀한 비밀스러운 것은 절대 알려주진 않으신다. 은사는 믿는 자들을 세우는 일에 귀하게 쓰임 받아야 하고 돕기 위해서 사용되어지는 것이다. 그리고 무엇보다 복음을 위한 것이다. 상처를 주거나 실족하기 위한 도구가 아니다. 저자가 기도 받는 사람의 마음이 어떤지, 어떤 기도를 하고 있는지 단편적으로 알게 하시는 것은 그 사람의 마음에 위로를 주고 싶으신 하나님의 마음과 뜻을 알게 하기 위함이다. 하나님은 누구에게나 "내가 네 마음을 안다. 걱정하지 마라."라고 말씀하신다. 하나님은 나의 아버지시다.

'너희는 다시 무서워하는 종의 영을 받지 아니하고 양자의 영을 받았으므로 우리가 아빠 아버지라고 부르짖느니라'(롬 8:15)

그래서 우리는 양자의 영을 받았으므로 하나님을 아버지라 부른다. 사단의 종, 자녀에게서 하나님의 자녀로 거듭났기 때문이다. 할렐루야!

교회에서 있는 새해 첫 특별기도회, 새벽 작정기도를 언니와 함께 다녔다. 그리고 매달 시작 첫날 내 자신이 의미를 부여하며 다니기도 했다. 매달 첫날 1일에 그 달을 위해 미리 기도하는 것으로 내가 의미를 가졌기 때문이다. 그리고 언니와 시간만 되면 새벽기도를 성수했다. 지금도 언니는 매일 365일 새벽기도를 나간다. 하나님의 음성을 듣기 시작하면서 하나님께서 나의 일상생활 모든 것에 승리케 하고자 하시는 하나님의 뜻이 있다는 걸 알게 되었다. 말씀처럼 말이다.

'항상 기뻐하라 쉬지 말고 기도하라 범사에 감사하라 이것이 그리스도 예수 안에서 너희를 향하신 하나님의 뜻이니라'
(살전 5:16~18)

오래전 기도하면서도 '하나님은 내 기도를 들으시나?'라고 의문을 많이 가졌었던 적이 있었다. 기도 응답을 늘 받으면서도 그랬다. 하나님의 음성 듣기를 사모하라. 저자가 음성을 들으면서 하나님께서 "내가 너와 함께 한다.", "걱정하지 마라. 내가 안다.", "조심해라."라고 말씀해주실 때마다 마음에 큰 힘이 되었다. 삶이 두렵지 않았다. 하나님의 다정하고 부드러운 음성 듣는 게 너무 좋고 감사했다. 그래서 하나님께서 내가 딸이기 때문에 언제나 나와 함께 하신다는 것을 더욱 절실히 알게 되었다.

'내 양은 내 음성을 들으며 나는 그들을 알며 그들은 나를 따르느니라'(요 10:27)

언니와 함께 새벽기도 가던 그날도 그랬다. 믿는 자들 하나님의 아들이신 예수 권세를 가지고 있고 말과 혀의 권세가 있는 하나님의 자녀인 우리는 어려움을 말하지 않는다. 어려움이 있더라도 사람이 아닌 하나님께 말한다. 그날도 불이 꺼지고 조용히 CCM 클래식이 교회 본당에 울려 퍼지면서 언니와 나, 각자 기도를 하고 있었다.

근데 그날 유난히 언니가 울면서 기도했다. 누구나 살다 보면 경제적 어려움이 있을 때가 있다. 두 아이를 훌륭하게 키우고 싶고 성령의 능력이 강하신 목사님의 예언이 있어 과감히 아이 둘을 미국으로 유학 보내게 됐다. 큰언니가 미국에 먼저 자리 잡고 있었기 때문에 또한 가능했다. 그런데 보내야 할 생활비도 만만치 않았다. "착하고 이쁜 딸아."라고 하나님께서 셋째언니에게 처음으로 하신 말씀이셨다.

셋째언니는 임신을 하는 순간부터 막달까지 새벽기도를 다니는 남 보기에 유난스런 임산부였다. 그리고 세상 살면서 아이들에게 남겨줄 가장 큰 자산은 하나님에 대한 믿음이라고 여겼다. 특히 자신이 아이들과 함께 하지 못할 때에도, 혼자 외롭고 힘겨울 때에도, 어디를 가든지, 무슨 일을 하든지 하나님께서 함께 하시고 지켜주실 거라 믿고 있었기 때문에 믿음의 양육을 가장 중요시했다. 그래서 갓난아기 때에도 아이들이 아프고 열이 펄펄 끓어도 아픈 아이들을 이끌고 주일예배 보러 갔다. 그런 아이들이 왜 보고 싶지 않겠는가.

그날 유난히 아이들이 보고 싶고 또 보내야 할 학비와 생활비에 걱정이 이만저만 아니었던 듯하다. 갑자기 언니가 왜 울고 있는지 궁금해져서 살짝 들어보았다. 방언으로 "아버지 어떻게 해야 하나요?"라고 기도가 나가고 있었다. 그때 통변이 가능한 내게 하나님께서 말씀을 주셨다.

"내가 언제 네가 필요한 돈 안 준 적 있었냐?"

그래서 언니에게 말해줬다.

"언니 아버지가 내가 언제 니가 필요한 돈 안 준 적 있냐고 하셔. 걱정하지 마."

그 말을 들은 언니가 오열하면서 울었다. 하나님께서 모든 사정을 아시고 있다는 마음의 큰 위로를 받았기 때문이다. 그 뒤부터 정말 기적 같은 일들이 나타났다. 필요한 돈이 있을 때마다 하나님께서 공급하셨기 때문에 부족함이 없었다.

> '자녀이면 또한 상속자 곧 하나님의 상속자요 그리스도와 함께 한 상속자니'(롬 8:17)

큰언니는 열심히 홈스테이와 기도로 미국에서 아이들을 바르게 잘 양육해줬고 셋째언니와 나 역시 아이들을 위해 매일 기도하며 영적 교제를 쉬지 않았다. 지금도 문자로 매일 말씀을 보내준다. 지금 큰아이는 엄마 옆에서 살고 싶다며 미국서 고등학교까지만 졸업하고 한국으로 돌아와 서울 덕성여대에서 학과 1등 졸업 후 현재 경희대 대학원 2년차로 연구조교를 하며 졸업 논문을 준비 중이다. 큰아이가 늘 말하는 월등하게 공부 잘하는 잘난 동생인 작은아이는 미국 치과대 대학원 3학년 재학 중에 대학병원에서 인턴과정 중이며, MBA 경영학 석사 과정을 동시에 함께 하고 있다. 더구나 치과대 대학원 1등 입학이라 가문의 영광이 따로 없을 정도로 축제 분위기였다. 가장 기쁜 건 함께 해주시는 하나님 아버지시다. 또 무엇보다 귀한 것은 아이들이 기도로 산다는 것이다. 이 모든 것이 다 하나님의 은혜다. 할렐루야!

많은 과정들이 있었지만 하나님이 함께 하셨기 때문에 모든 것이 또한 가능했다. 하나님을 믿는 자녀인 우리는 불가능한 것이 없다. 우리 안에 계신 예수 그리스도와 성령님이 이 땅에서 승리로 이끌어주시기 때문이다. 얼마나 든든하고 행복한지 모른다.

'그러나 예언하는 자는 사람에게 말하여 덕을 세우며 권면하

며 위로하는 것이요'(고전 14:3)

방언 말하기를 힘쓰고 예언하는 자가 되는 것은 참되다. 오래전 보건 선생님을 알았다. 딱 봐도 현모양처였다. 상냥하고 싹싹하고 날씬하고 센스가 있어서 모든 주변 사람들이 다 좋아했다. 그런데 결혼한 지 몇 년이 지나 한참 되었지만 아기가 없었다. 그래서 몸에 좋은 보약이란 보약도 많이 먹고 병원에서 검사도 받고 시험관 아기도 몇 년 동안 해봤지만 소용이 없었다. 보기에도 정말 안쓰럽고 힘들어보였다. 아이들 이야기만 하면 아무렇지 않게 말은 했지만 위축되는 느낌도 들었다. 그때 나는 출애굽기 말씀을 인용하며 기도하자고 했다. 하나님께서는 기도에 응답을 주시는 하나님이시고 임신 못하는 하나님의 백성은 없다고 했다. 말씀은 진리이기 때문에 말씀이 그렇다면 그런 것이다.

'네 나라에 낙태하는 자가 없고 임신하지 못하는 자가 없을

것이라 내가 너의 날 수를 채우리라'(출 23:26)

그렇게 믿음의 교제를 사이사이 하는 중 또 방언도 받았다. 아이에 대한 마음의 상처로 방언 받자마자 정말 눈물 콧물에 한참을

울었다. 그 뒤부터 말씀과 기도의 교제가 계속해서 이루어졌고 선생님의 마음도 편안해보였다. 지금 생각해보면 항상 하나님은 적재적소에 사람을 만나게 하는 은혜로 우리에게 힘을 주시고 위로를 주셔서 하나님의 사랑을 깨닫게 하신다. 그러던 겨울 11월경 둘이 담소를 나누다 갑자기 3월이라는 성령의 감동을 받아 나도 모르게 말이 튀어나왔다.

"선생님 내년 3월 봄에 아기 소식 있을 거 같은데. 사람의 방법으론 안 돼요. 병원 갈 필요 없어요. 3월에 소식 있을 테니 편히 기도하면서 기다려봐요."

예언이었다. 선생님은 병원 가는 것을 멈추고 기도하며 봄을 기다렸다. 그런데 정말 3월 봄 임신 소식에 열광했다. 모두가 너무 기뻐했고 하나님께 영광 돌렸다. 30대 중반 하나님의 은혜로 귀한 아들을 선물로 받았다. 할렐루야!

'아브라함이 하나님께 기도하매 하나님이 아비멜렉과 그 아내와 여종을 치료하사 출산하게 하셨으니'(창 20:17)

하나님께서는 믿음의 증거를 항상 보여주신다. 믿음으로 우리는 능치 못할 것이 없는 하나님의 자녀이다.

'그러므로 너희도 영적인 것을 사모하는 자인즉 교회의 덕을 세우기 위하여 그것이 풍성하기를 구하라'(고전 14:12)

우리가 교회이기 때문에 성도 한 사람 한 사람을 세우기 위해 영적 은사를 더 풍성하게 구하기를 힘쓰라. 믿는 자들 외에도 믿지 않는 모든 자들에게 영향력을 끼치며 권면하고 그들을 도우므로 하나님을 더욱 높이라. 예언 받기를 주저하지 않기를 바란다. 믿음으로 감사히 받으라. 믿는 우리들은 또한 이 세상의 경제 시스템이 아닌 하나님의 경제 시스템에 의해 작동된다. 그러므로 말씀에 근거하여 우리가 말로 선포할 때마다 선포된 말의 진리가 현실로 나타난다.

그래서 경기침체가 심한 때에도 하나님께서는 은혜를 더하셔서 아파트를 예언대로 8월에 팔리게 해주시는 은혜도 주셨고 지금부터 3년 후에 만나게 될 거란 예언대로 정말 하나님께서 주신 배우자를 만나 행복한 결혼 생활을 하는 조카도 있다. 모든 것을 하나님은 이미 알고 계신다.

'그리스도께서 우리를 자유롭게 하려고 자유를 주셨으니 그러므로 굳건하게 서서 다시는 종의 멍에를 메지 말라'(갈 5:1)

9년 전 10월 중순에 신학을 하신 집사님께 연락이 왔다. 기도가 안 나와 기도를 할 수가 없다고 하시며 와서 기도해달라고 하시는 것이다. 나는 "집사님은 신학까지 하셨는데 제가 무슨 기도를 해드려요. 저 그냥 차 한 잔 마시러 갈게요."라고 말한 뒤 약속을 정하고 방문하였다. 그 시기에 하나님께서 밤잠을 못 잘 정도로 기도시키셨기 때문에 매일 방언기도를 10시간씩 할 때였다. 여느 때처럼 집사님은 쾌활하시고 밝으셔서 전혀 그런 고민이 있다는 것조차 모를 정도로 컨디션이 좋아 보이셨다. 집사님께서는 날씨가 조금씩 쌀쌀해진다며 커피랑 먹는 고구마가 맛있다고 일부러 고구마를 쪄서 함께 접시에 내주셨기 때문에 기억이 생생하다.

서로 안부를 잠시 묻곤 식탁 가까이 와서 커피랑 고구마를 먹어보라며 접시에 이쁘게 담아주셨다. 나는 벽 쪽 가까이 식탁 의자에 앉았었고 집사님께서는 딸의 방이 보이는 방문을 등 뒤로 앉으셔서 나와 이야기를 주고받고 계셨다. 그 순간 하나님께서 왜 10시간씩 기도를 시키셨는지 알게 되었다. 딸의 방문과 집사님 사이에 쪽을 진 백발의 흰 한복을 입은 할머니가 서계신 게 내 눈에 보였다. 참으로 감사한 것은 대낮에 귀신을 보는데도 아무런 두려움이나 무서움이 없었다는 사실이다. 성령님이 내 안에서 나를 다스리고 계셨다. 할렐루야!

나는 집사님이 놀라실까봐 말은 못하고 한참 이것저것 얘기를 하다 물어보고 싶은 게 있다며 집사님께 "혹시 집사님 집안에 쪽진 할머니 계세요?"라고 물어보았다. 요즘 쪽진 할머니는 아주 희박하게 보기 드물기 때문이다. 그런데 집사님께서 "우리 외할머니가 머리 쪽지으셨는데 지금 돌아가셔서 안 계세요."라고 말씀하셨다. 그때부터 나는 예수를 믿고 돌아가셨는지 믿음은 있으셨는지 먼저 여쭤보게 됐다.

나는 내가 본 걸 말해드려야 하나 말하지 말아야 하나를 몇 초 사이에 갈등하게 되었다. 그러다 집사님께서 영적인 경험들이 많다는 게 생각이 나서 자연스럽게 말을 꺼냈다. "근데 집사님 할머니 귀신이 집안에 살면서 다 상관하고 다니나 봐요. 그러니 집안 상황이 너무 안 좋고 더군다나 집사님이 기도를 하실 수가 없죠. 오늘부터 기도 3시간씩 매일 기본으로 하세요. 방언 하시잖아요. 예수 이름으로 쫓으셔야 돼요."라고 말해드렸다.

집사님은 이쁘고 착하시고 살림 잘하고 회사일도 성실하게 열정적으로 잘하시는 현모양처였다. 근데 갑자기 남편과 불화가 잦아 이혼소송까지 간 상태였다. 큰딸은 피아노 학원에 파트타임 강사로 다니지만 신통치 않아 힘들어했고 작은아들도 갑자기 잘 다니던 고등학교를 중퇴한다며 반항하여 두 자녀까지 모두 힘든 상황이었다.

항상 집안에 안 좋은 일들이 계속 연이어 생긴다면 영적인 분별이 필요하다. 그때는 영적 점검을 해야 할 때이다. 아무튼 다음날 집사님께 다시 전화가 왔다.

"집사님. 집사님 가고 바로 저녁 10시부터 거실에서 새벽 4시까지 기도했어요. 기도가 아주 잘 돼요."

집사님께서 큰 충격을 받으시긴 하셨던 듯하다. 기도할 작정이 생기셨으니 말이다. 사실 기도하지 못하도록 방해하는 방해꾼이 집안에 있어서이기도 했지만 기도가 필요할 때 기도하지 못하도록 사단. 마귀가 나를 바쁘게 만든다. 그럴 때일수록 깨어 기도해야 한다. 영은 항상 깨어있다. 육신(육체)이 약할(피곤) 뿐이다. 하나님을 믿는 사람은 빛의 자녀이다. 어둠이 틈타거나 건드리거나 만질 수도 없을 정도로 우리는 빛을 발한다. 우리 안에 빛이 있기 때문이다. 하나님의 생명. 하나님의 영인 성령님이 우리 안에 계신다.

'일어나라 빛을 발하라 이는 네 빛이 이르렀고 여호와의 영광이 네 위에 임하였음이라'(사 60:1)

2주일 뒤 다시 방문하게 되었을 때 할머니 귀신은 사라지고 없었다. 그러면서 집사님의 집안을 세우는 동역자로 함께 기도하기 시작했다. 하나님께서 성도들을 세우기 위해 주신 선물인 은사로 성령의 인도를 받으며 집사님의 집안 모든 일들이 형통케 되는 역사가 나타났다. 집사님과 남편분은 화해하여 이혼소송을 취하하고 그 집이 아닌 하나님께서 주신 새로운 보금자리에서 행복하게 지내신다. 큰딸은 성령님의 인도로 어린이집 교사가 되었고 작은아들은 검정고시를 잘 치러 4년제 대학교 영어과에 진학하며 가정에 평안이 찾아왔다. 모든 것을 기도로 준비하고 하나님께서 주신 응답대로 행했다. 믿는 자들은 듣기만 하는 자가 아니라 행하는 자이다. 그렇게 함으로 집사님 가정에 회복되는 안식이 있게 된 것이다.

'오직 여호와를 앙망하는 자는 새 힘을 얻으리니 독수리가 날개 치며 올라감 같을 것이요 달음박질하여도 곤비하지 아니하겠고 걸어가도 피곤하지 아니하리로다' (사 40:31)

집사님의 재미있는 사건이 하나 더 있다. 그쯤 교회를 찾고 계셨는데 주변의 5군데 교회 중 선택해야 할 상황이었다. 나는 그 5군데를 모두 기도해보았고 딱 한 군데 상에 음식이 진수성찬으로 차려져 있고 앞에 하얀 옷을 입은 천사가 서 있는 환상을 본 곳으로 집사님께 가볼 것을 권유했다. 나는 집사님의 영적 수준에 맞고 복된 교회로 기도했기 때문에 그곳에서 축복을 받을 거라 확신했다.

    2주 뒤 다시 연락이 왔다. 집사님께서 하시는 말이 "집사님 나 그 교회 갔는데 새신자라고 해서 사은품을 주는 거예요. 근데 집에 와서 그거 풀어보고 깜짝 놀랬어요. 뭐 받았는 줄 알아요?" 나는 "글쎄요. 그것까지 제가 어떻게 알아요."라고 말하니 집사님께서 말씀하신다. "집사님이 음식이 가득한 진수성찬 차려진 곳이니 가서 먹기만 하라고 했잖아요." 나는 "그랬죠. 근데 음식만 차려져 있었어요."라고 말했다. 바로 집사님께서 "사은품을 열어봤는데 수저, 젓가락이 들어있는 거예요. 정말 깜짝 놀랬어요. 하나님의 뜻인가 봐요."

    하나님께서 보여주시는 환상은 항상 의미가 있다. 내가 본 환상은 수저와 젓가락이 없었다. 상에 가득 진수성찬으로 차려진 음식만 있었을 뿐이었는데 교회에서 사은품이 수저와 젓가락이었다니 얼마나 놀랄 일인가. 그 교회에 출석하기 시작하면서 모든 것이 더 빠르게 회복되었다. 하나님께서는 내가 가야 할 곳으로 항상 때를 따라 인도하신다.

    '이제 내가 너희 앞에 한 천사를 보내어 길에서 너희를 지켜주며, 내가 예비하여 둔 곳으로 너희를 데려가겠다'(출

23:20, 새 번역)

성령의 능력이 나를 통해 풀어지고 나타나기를 힘쓰십시오. 성령님께서 모든 일에 나와 동역하십니다. 남을 도우십시오. 그리고 맡기십시오.

천국과 지옥은 있다

'이에 그 거지가 죽어 천사들에게 받들려 아브라함의 품에 들어가고 부자도 죽어 장사되매 그가 음부에서 고통 중에 눈을 들어 멀리 아브라함과 그의 품에 있는 나사로를 보고 불러 이르되 아버지 아브라함이여 나를 긍휼히 여기사 나사로를 보내어 그 손가락 끝에 물을 찍어 내 혀를 서늘하게 하소서 내가 이 불꽃 가운데서 괴로워하나이다 아브라함이 이르되 얘 너는 살았을 때에 좋은 것을 받았고 나사로는 고난을 받았으니 이것을 기억하라 이제 그는 여기서 위로를 받고 너는 괴로움을 받느니라 그뿐 아니라 너희와 우리 사이에 큰 구렁텅이가 놓여 있어 여기서 너희에게 건너가고자 하되 갈 수 없고 거기서 우리에게 건너올 수도 없게 하였느니라'(눅

16:22~26)

　천국과 지옥은 있다. 보통 모든 세상 사람들은 자신의 선행으로 천국에 가고 나쁜 행동으로 인한 자신의 죄와 벌로 지옥에 갈 것이라고 생각한다. 하지만 성경에 기록되어 있듯이 예수를 구주로 영접하여야 구원 받는다. 그래서 나는 보통 사람들에게 "언제 영접할 거예요? 사람들은 내가 살면서 다른 사람들한테 못된 짓 안 하고 착한 일해서 천국 가는 줄 아는데 절대 아니에요. 예수를 믿지 않으면 다 지옥 가요. 이건 사실이에요."라고 말할 때마다 보통 사람들의 반응은 다 똑같았다. 무슨 저런 어이없는 엉뚱한 소리를 하냐는 듯이 쳐다보고 그렇게 말하는 것을 너무 싫어했다. 이 세상 사람이 아닌 딴 나라에서 살다온 이상한 사람 보듯 쳐다본다. 어디가 아프다고 하는 상대방에게 "기도하세요. 그럼 다 나아요."라고 말할 때도 마찬가지이다.

　'이 세상의 신이 믿지 아니하는 자들의 마음을 혼미하게 하여 그리스도의 영광의 복음의 광채가 비치지 못하게 함이니 그리스도는 하나님의 형상이니라'(고후 4:4)

앞서 말했던 것처럼 이 땅 지구의 주인은 사단이었다. 말씀에 '이 세상의 신이'라고 말한 부분도 사단을 가리킨다. 복음은 기쁜 소식이다. 우리를 구원케 하시는 예수 그리스도를 통해 예수를 믿으면 영혼구원 받는 기쁜 소식 말이다. 지금 이 땅은 하나님께서 하나님의 자녀들에게 주셨다. 예수 그리스도를 통하여 다스리는 권세로 우리는 이 땅에서 하나님의 나라를 확장할 수 있다.

'내가 천국 열쇠를 네게 주리니' (마 16:19)

저자의 외할머니가 돌아가시기 전에 96세 외할아버지께서 먼저 돌아가셨는데 할아버지는 돌아가시기 몇 년 정도는 치매에 걸리셔서 알아보는 사람이라곤 부인인 할머니와 큰딸인 엄마뿐이었다. 할아버지는 돌아가시기 몇 달 정도는 이상한 행동들을 더 많이 하셨다. 말 그대로 헛것을 보시고 대화를 나누기까지 하셨다. 하지만 믿는 자들은 안다. 그 헛것이 귀신이라는 걸 말이다.

증상이 심해지시고 거동이 불편하심으로 결국 할아버지는 돌아가시기 한 달 전 요양원으로 옮겨지셨다. 할아버지의 죽음이 얼마 남지 않았다는 것을 예측할 수 있었다. 하나님께서 꿈으로 계속 보여주셔서 나는 할아버지 돌아가시기 바로 일주일 내내 "엄마, 할아버지 괜찮으셔?"라고 계속 물어봤다. 엄마가 할아버지의 임종 직전을 내게 말씀해주신 일이 있었다. 눈을 감기 직전 허공에다 "니 큰삼촌이 나 데리러 검정 옷을 입은 장정 두 명이랑 같이 왔어."라고 말이다.

할아버지는 하나님, 예수님을 모르고 돌아가셨다. 치매에 걸리셔서 영접할 수 있는 기회라고는 전혀 없어보였고 시도조차 할 수도 없었다. 정신이 온전치 않았기 때문이다. 할아버지는 말 그대로 검정 옷을 입은 장정 두 명과 큰삼촌에게 이끌려 지옥에 가셨다. 나는 기회만 되면 97세인 할머니가 돌아가시기 전 7년 동안 세뇌시키기 시작했다. 90세가 넘으신(청각이 약하셔서 잘 못 들으심) 할머니 귀에 대고 "할머니, 할아버지가 나중에 여보 나랑 같이 가자고 해도 절대 따라가면 안 돼. 큰삼촌도 마찬가지야. 삼촌이 엄마 나랑 같이 가자고 해도 절대 안 돼. 하얀 옷 입은 천사 따라가야 돼. 알았지."라고 말이다.

그 시절 나는 CTS 방송을 집에 있는 동안 항상 켜놓고 설교방송을 들었다. 한 번은 장경동 목사님의 설교방송을 듣는 중 친어머님께서 천사가 나 데리러왔다고 말씀하시곤 임종하셨다고 했다. 그래서 그 뒤부터 나는 들은 대로 할머니 귀에 대고 볼 때마다 수시로 똑같은 말을 반복했다. 그러면 할머니는 진담이든 농담이든 "알았어.

알았어."라고 말씀하셨다. 큰집에 절 다니시는 친척분들이 앉아 계셔도 난 늘 똑같이 큰 소리로 귀에 대고 "할머니, 할아버지가 나랑 같이 가자고 해도…… 천사 따라가야 돼."라고 말하곤 할머니의 머리에 손 얹고 귀에 대고 축복기도를 해드렸다.

할머니는 불교 철신자셨다. 어렸을 적 천주교를 몇 번 다니시다 심하게 아프셔서 그때부터 천주교를 접고 불교인 절만 다니셨다. 말 그대로 큰집에 일이 잘 안 풀리면 점, 부적, 굿 하는 걸 보고 자랐다. 그 정도로 미신과 불교에 심취되어 있었다. 우리 집 앞집이 큰집이었기 때문에 집에 갈 때마다 할머니를 보러 갔다. 은사를 받은 뒤 나는 항상 할머니를 천국행으로 구원시켜야 한다는 사명감에 불타 하나님께 물었다. "아버지, 오늘은 할머니 뭐 사다드릴까요?" 그러면 어느 날은 찐만두, 어느 날은 호빵, 어느 날은 전복죽, 죽도 매번 종류가 다르게 알려주셨고 정말이지 달마다 때마다 그때그때 메뉴가 달랐다. 그러면 나는 차에서 내리기 직전 그 음식에 손을 얹고 이렇게 말했다.

"이 음식 먹고 예수 잘 믿을지어다. 아멘."

그런데 참 감사한 것은 하나님께서 알려주신 메뉴를 사들고 가면 할머니가 먹고 싶었다며 너무 좋아하셨다. 정말이지 너무나 맛있게 드셨던 할머니 모습이 지금도 기억이 난다. 그렇게 마음을 달

래준 뒤 나는 할머니 기분 좋으실 때 할머니께 세례를 드렸다. 그리고 늘 항상 귀에 방언기도를 해드렸다. 뭔지 모르지만 할머니는 진옥이가 할머니 천국 가라고 기도해주는 거라며 기도해주는 것을 아주 좋아하셨다. 나는 할머니 기도를 해드릴 때마다 할머니가 아멘을 하지 않으면 "할머니. 아멘 해야지."라고 말했고 할머니는 "아멘."이라고 항상 말씀하셨다. 어느 날은 할머니가 많이 아프셔서 누워계실 때 가서 기도해주며 내가 걸고 있던 십자가 목걸이를 걸어드렸다. 그때 할머니가 빙그레 웃으셔서 나는 할머니한테 빼지 말고 잘 걸고 있으라고 다짐을 받았다.

　할머니가 돌아가시기 3주 전 하나님께서 꿈으로 보여주신 게 있었다. 할머니가 사방천지 한자가 가득한 어느 방에 들어가셨는데 내가 딱 보기엔 기독교적 느낌은 아니었다. 그래서 할머니를 끌고 나왔다. 문턱에 할머니 신발이 보여 할머니가 신발을 신도록 기다렸다 할머니가 신발을 신은 뒤 나와 밖에서 어디로 가야 할지 우왕좌왕 여기저기를 보고 계실 때 내가 팔을 잡아끌며 "할머니. 그쪽 아니야. 이쪽이야."라고 말하며 할머니를 끌고 가는 꿈을 꿨다. 밖은 햇빛이 비치고 환했다.

　요양원에 계신 할머니를 뵈러 갔을 땐 죽음이 코앞에 와있어 얼마 남지 않았다는 걸 알았다. 이미 할머니는 사람을 알아보지 못했다. 눈을 감고 잠만 주무셨다. 나는 귀에 대고 "할머니 진옥이 왔어요."라고 말하자 갑자기 "어?"하며 할머니는 눈을 뜨려고 안간힘을 쓰셨다. "할머니 기도해드릴게요. 믿음으로 받으세요."라고 말하며 구원 축복의 기도를 해드렸다. 정신도 없는 그 와중에도 할머니는 "아멘."이라고 말씀하셨다.

언니와 조카는 손과 발을 붙들고 나는 손을 할머니의 머리에 얹고 귀에 대고 방언기도를 모두가 함께 한참 동안 했다. 그 "아멘."이라는 할머니의 말 한마디에 가슴이 정말 뭉클했고 너무 감사했다. 하나님께서 할머니와 함께 해주실 걸 믿었기 때문이다. 그래서 또한 할머니의 죽음이 슬프지 않았다. 천국에서 만나리란 걸 알기 때문이다. 땅콩 카라멜을 보면 할머니 생각이 난다. 가족들 모두 땅콩 카라멜을 보면 할머니를 떠올린다. 앞집인 우리 집에 오셔서 꼬쟁이 주머니에서 한 움큼 꺼내 먹으라고 매일 오실 때마다 주셨기 때문이다. 우리는 천국에서도 이 기억을 가지고 있다. 할렐루야!

'너는 네 하나님 여호와께서 명령한 대로 네 부모를 공경하라 그리하면 네 하나님 여호와가 네게 준 땅에서 네 생명이 길고 복을 누리리라'(신 5:16)

조부모와 부모를 위해 기도하십시오. 할아버지와 할머니의 죽음을 통해 느낀 것은 어떠한 상황에서라도 부모는 집에서 평안히 돌아가셔야 한다는 사실이다. 할아버지와 할머니, 친아버지의 죽음을 통해서 얻은 것은 자식들이 부모를 위해 많은 기도를 한 죽음과 기도하지 않은 부모의 죽음이 다르다는 것이다. 자식의 기도로 부모님이 평안하게 돌아가실 수 있다. 자식 된 도리로서 기도해야 한다. 가장 사랑하는 가족을 위해 기도에 힘써야 한다. 옛 언약 십계명에 네 부모를 공경하라. 새 언약에서는 네 이웃을 네 몸과 같이 사랑하라고 하셨다.

내가 요양원에서 죽고 싶은가 아니면 가족들 모두의 얼굴을 보고 평안히 집에서 죽을 것인가 답은 하나다. 아마 똑같은 답일 것이다. 영화를 보다 물 속에서 죽는다거나 땅굴 속에서 죽는다거나 어딘가 갇혀 죽는 장면을 볼 때마다 나는 말한다.

"나는 하늘 보고 누워서 밖에서 죽고 싶어."

그 말을 듣는 사람들 대다수가 웃는다. 하지만 자세히 생각해보면 맑은 푸른 하늘을 보고 평안히 죽을 수 있는 것도 참 감사한 것이다. 하나님께 부모님의 임종 기도를 미리 할 수 있도록 하심에도 감사하다. 그 기도대로 이루어질 것이기 때문이다. 기도로 안 되는 것은 없다.

'예수께서 나아와 말씀하여 이르시되 하늘과 땅의 모든 권세를 내게 주셨으니 그러므로 너희는 가서 모든 민족을 제자로 삼아 아버지와 아들과 성령의 이름으로 세례를 베풀고 내가 너희에게 분부한 모든 것을 가르쳐 지키게 하라 볼지어다 내가 세상 끝날까지 너희와 항상 함께 있으리라 하시니라'(마 28:18~20)

성장

'너희는 이 세대를 본받지 말고 오직 마음을 새롭게 함으로
변화를 받아 하나님의 선하시고 기뻐하시고 온전하신 뜻이
무엇인지 분별하도록 하라'
(롬 12:2)

개인적으로 나는 방언 받고 너무 좋아서 기도 시간이 점점 늘어나 하루 매일 7~8시간씩 기도하면서 지냈고 삶의 모든 것이 형통하고 감사가 넘쳤다. 평안했다. 특히 뭔가 새롭고 좋은 일들이 계속 일어났다. 늘 기도하고 응답 받았던 속도도 가속도가 붙은 것처럼 바로 바로 나타나고 생각하는 대로 현실로 즉각적으로 나타나 놀라울 지경이었다. 영적인 경험들이 풍부해지면서 나의 삶은 완전히 달라지고 하나님을 의지하고 사는 것이 얼마나 좋고 감사한 것인지 매일 새롭게 다가왔다.

사실 교회를 다니면서도, 기도 응답을 항상 받으면서도 현재 내가 하고 있는 교회생활, 신앙생활, 믿음생활 그 이상 하시는 분들을 보면 '지나치다.'라고 생각했다. 쉽게 미친 듯이 정신없이 교회에 다니시는 분들을 보면 '광신자'라고 낙인을 찍었다. 썩 좋게 생각하지 않았다. 오히려 믿지 않는 사람들에게 악영향을 미칠까봐 적당히 내 마음에 맞게 믿는 것을 선호했고 적당히 표현하는 것이 믿지 않는 사람들에게 마음 편안하게 받아들이게 하는 방법이지 않을까 나름 생각했다. 그게 바람직한 줄 알았다.

그래서 한때는 처음 사람을 만나면 교회를 다니는지, 십자가 목걸이를 하고 있는지 또는 식사할 때 기도를 하고 먹는지 등등의 방법으로 판별을 한 뒤 넌지시 하나님에 대한 믿음 얘기를 꺼내기 시작하면서 간증을 하는 경우도 많았다. 사람이 영적 성장 단계를 보면 사람 눈치를 보거나 환경을 보는 것이 아직 어린아이 단계이다. 그런데 방언 받기 전 나는 환경과 사람을 많이 봤다.

'우리가 다 하나님의 아들을 믿는 것과 아는 일에 하나가 되어 온전한 사람을 이루어 그리스도의 장성한 분량이 충만한 데까지 이르리니'(엡 4:13)

우리는 사도 바울이 말한 장성한 분량의 어른 단계까지 영적 성장의 목표를 가지고 있어야 한다. 잠시 영적 성장 단계를 살펴보겠다. 갓난아이 단계, 어린아이 단계, 어른 단계 세 가지로 볼 수 있다. 갓난아이 단계는 영적으로 민감하여 변화도 심하고 무조건 수용적이다. 우리가 성장 단계에서 보듯이 아이들은 잘못인 줄도 모르고 무작정 해보고 일을 저지르기 때문에 주의가 필요한 것처럼 유혹에 빠지기도 쉽고 실수도 많다. 그래서 잘못된 이단에 빠질 수 있을 확률도 높은 것이다.

예를 들면 영적 단계 초기에 짜증을 많이 내는 사람 옆에 있으면 나도 모르게 짜증을 많이 내고 걱정이 많은 사람 옆에 있음 걱정을 평소보다 더 많이 하는 자신의 모습을 볼 수 있다. 영적으로 묻어나지 않도록 자신을 성령 충만시키는 데 게을리 해서는 안 된다. 그래서 우리가 영적 분별에 대한 기도를 하는 것도 이러한 이유에서이다. 자신이 전과 다른 모습을 한다면 바로 잘못됐다는 분별을 가짐으로 예수의 이름으로 쫓고 다시 되돌아서면 되는 것이다.

'우리가 이제부터는 더 이상 어린아이가 아니요' (엡 4:14)

어린이 단계는 호기심도 많지만 조금 성장하였기에 좀 더 나은 분별을 한다. 하지만 아직도 아이의 모습을 완전하게 벗어나지 못하고 시행착오가 계속되며 조금씩 분별력이 생기게 된다. 또한 상황, 사람, 환경을 본다. 어른 단계에서는 하나님의 말씀에 따라 바른 선택을 하고 삶에 적용하는 단계로 주변에 어떠한 상황이 발생되더라도 감각으로부터 오는 혼적인 부분에 초연해질 수 있다.

영아기, 유아기, 청소년기, 장년기, 노년기가 있는 것처럼 사람의 성장과정과 비슷하다 보면 되겠다. 방언이 성장할 때마다 새로운 단어가 생기고 더 이뻐지고 고급스럽게 변화되어 언어가 되는 것과 비슷하다. 우리는 영적으로 계속 승진하고 발전해야 한다.

'그들은 그 말씀을 사용함으로 감각들을 단련하여 선악을 분별하는 사람들이라'(히 5:14, 한글킹제임스)

어쨌든 사람은 자기가 경험한 것까지밖에 모른다. 그 이상을 경험한 사람들은 그 위를 볼 줄 알고 또 보고 알게 된다. 보통 사람들도 위를 보게 되면 위만 보지 아래를 쳐다보려 하지 않는다. 믿음생활도 마찬가지이다. 자신의 믿음, 경험, 지식이 자라남에 따라 믿음생활 자체가 변화된다. 방언을 사용하기 시작하면서 지혜도 열려 말씀의 이해가 완전히 달랐다. 예수님께서 우리에게 지혜와 의로움과 거룩함과 구원함이 되셨기에 우리에게 주신 하나님의 영인 지혜의 영으로 이해가 가능케 되었다. 지혜가 열려 모든 말씀이 내 안에서 내 심령과 머리에서 다르게 해석되었다.

이를 테면 말씀의 계시가 열려 예수님은 죄 없이 성령으로 태어난 신성과 사람의 인성이 결합된 성육신이시다. 그런데 예수님께서 승천 부활하시고 하나님 우편에 앉아계신 지금 이 땅에 살고 있는 우리는 우리 안에 성령님을 모시고 있는 성전이다. 하나님의 영인 성령이 내 안에 계셔서 우리는 신성을 가지고 있고 사람이기에 인성을 가지고 있어 예수님과 같은 신성과 인성을 갖추고 있다. 그래서 우리는 예수님을 대신하여 그리스도의 대사로써 이 땅에 살고 있는 것이다. 믿는 자들을 그리스도인 즉 기름부음 받은 자로 부르는 것도 이러한 이유에서이다. 전에는 전혀 생각해본 적도 없는 말씀의 계시였다. 모든 믿는 자들은 계시가 열리길 소망해야 한다.

방언 받기 전 전도가 소극적이었다면 방언 받은 후 나는 적극적인 전도자로 바뀌었다. 그래서 안 믿는 사람들을 보면 "하나님 믿으면 잘 믿을 거 같아요.", "예수 믿으세요.", "영접하세요.", "하나님의 축복을 받으세요.", "방언 꼭 받으세요."라고 전에 말하지 못했던 말들을 거침없이 자신 있게 말하기 시작했다. 그리고 이력서 종교란에 전에 기독교라고 적었다면 지금은 '광신자'라고 기재한다. 사람이 이렇게도 바뀌게 되는 것이다.

내가 오래전 지금의 나와 같은 사람을 무지 싫어했는데 내가 그와 같은 사람으로 변모된 것이다. 하나님의 은혜를 알고 사랑을 알고 우리에게 주신 축복을 알면 이렇게 사람이 바뀐다. 나 자신도 예상치 못한 일이다. 누군들 내가 예전에 '광신자'라고 하며 안 좋게 말했던 그 사람들 속에 내 자신이 있을 거라 누가 생각하겠는가 말이다. 하지만 하나님의 사랑을 알게 되면서 '광신자'라고 일명 안 좋게 내가 말했던 사람들을 이해하게 되었다. 광신자가 나쁜 것은 아니다. 하나님을 그만큼 열정적으로 믿기 때문에 이름 지어진 것이다. 예수 믿는 사람들은 모두 '광신자'라는 명찰을 달고 있어야 한다.

　여기에 또 감사한 것은 지혜와 분별을 주시는 성령님으로 인해 우리가 빛이 넘치는 광신자로 살아갈 수 있기 때문이지 정신이 혼미하여 정신줄을 놓을 정도로 분별력이 없는 일은 절대로 없다는 것이다. 성령님은 진리의 영이기 때문이다. 성령님께서 우리와 함께 하셔서 모든 것을 지도해주심을 감사하다.

　　　'내가 아버지께 구하겠으니 그가 또 다른 보혜사를 너희에게
　　　주사 영원토록 너희와 함께 있게 하시리니'(요 14:16)

　영적 성장이 이루어짐에 따라 일상생활에서 나타나는 모든 일들 또한 형통하게 변화되었다. 초신자이면서 영적인 것을 조금씩 알아갈 때에도 하나님은 늘 함께 하시고 개입하셔서 나의 모든 일들이 내가 원하는 소망 가운데 이루게 해주셨다. 하지만 성장하면 할수록 모든 생활 속에서 형통이 즉각적으로 나타났다. 난 하나님의 상속자로 걷기만 하면 되는 것이다. 하나님께 구걸하거나 울고불고 매달리며 내 기도에 응답해달라고 할 필요가 없다는 것이다. 하나님은 나의 아버지시고 나는 자녀이기 때문에 하나님의 아들로 거저 받을 수 있다. 그냥 하나님 아버지의 것이 나의 것이다.

> '그러므로 네가 이후로는 종이 아니요 아들이니 아들이면 하나님으로 말미암아 유업을 받을 자니라'(갈 4:7)

사람들은 말한다. 가난이 미덕인 듯 말한다. 가난하면 남을 돕고 싶어도 도울 수가 없다. 자유할 수가 없는 것이다. 하나님의 모든 부요와 풍요는 하나님의 자녀인 우리들의 것이다. 이 땅에서 빛이 되어 다른 사람들을 돕는 데 사용되어져야 하고 영혼구원의 복음을 위해 쓰여져야 한다. 결핍, 부족, 가난은 사단의 열매다. 그렇기 때문에 예수의 권세로 물리쳐야 하고 쫓아야 한다. 믿는 우리와는 상관없는 것이기 때문이다.

예수님께 감사하다. 하나님의 계획 안에서 하나님의 아들이신 예수 그리스도를 통해 가난을 속량(값 주고 되사심)하심으로 우리가 부요를 상속받게 하셨다. 하나님의 자녀인 우리는 부요한 자이다. 말씀은 이렇게 말한다.

> '우리 주 예수 그리스도의 은혜를 너희가 알거니와 부요하신 이로서 너희를 위하여 가난하게 되심은 그의 가난함으로 말미암아 너희를 부요하게 하려 하심이라'(고후 8:9)

우리가 부요함을 상속받게 하시기 위해 예수님이 십자가에서 죽으셨다.

'너희가 그리스도의 것이면 곧 아브라함의 자손이요 약속대로 유업을 이을 자니라' (갈 3:29)

크리스 목사님은 자신의 사업과 수입의 원천을 다른 사람을 축복하는 데 사용하는 도구로 여기라고 말씀하셨다. 하나님은 나의 필요를 내가 말하지 않아도 이미 알고 계신다. 우리가 말하고 행동하고 받고 간증하는 기도 응답을 받는 4가지 단계를 잘 실천해야 한다. 하지만 영과 혼이 일치되어야 하고 기본적으로 내 안에 깔려 있는 혼적인 생각들을 영에 맞춰야 한다. 혼이 영의 말을 듣게 해야 한다는 사실이다. 그래서 말씀이 중요하고 말씀에 따라 나를 바꿔야 하며 말씀에 따라 내가 행동해야 하는 것이다.

예수 그리스도를 통하여 우리는 이미 형통의 상속자가 되었음을 입술로 고백하고 하나님의 말씀에 비추어 맞지 않은 나의 생각과 사고를 바꿔 영광에서 영광으로 변모되어져야 한다. 성경의 말씀은 축복의 말씀이다. 우리 삶의 지침서로 우리가 또한 믿는 자로 성경말씀을 항상 끼고 살아야 하는 이유이다. 삶에 담대해진다. 무엇보다 가장 중요한 것은 하나님과 나와의 관계이다.

날씨를 다스리다

'예수께서 깨어 바람을 꾸짖으시며 바다더러 이르시되 잠잠

하라 고요하라 하시니 바람이 그치고 아주 잔잔하여지더라'

(막 4:39)

몇 년 전부터 나는 날씨를 다스리기 시작했다. 신기할 정도로 내 안에 계신 예수님을 인식하게 되었고 성령님의 기적과 같은 역사가 이 땅에서 현실이 된다는 사실을 절실히 깨닫게 되었다. 개인적으로 엄마가 아침마다 기상캐스터 역할을 하신다. 오늘의 날씨를 스마트폰으로 찾아보지 않아도 전날 또는 당일 아침 일찍 전화로 알려주신다. 나는 항상 "엄마 날씨 예보 맞지 않아. 나 때문에."라고 말하면 지금도 마구 웃으신다.

20년 전부터 내 기분에 따라 날씨도 흐렸다 맑았다를 했다. 기분이 좋으면 날씨가 항상 맑고 기분이 안 좋으면 구름이 끼던지 비가 내렸다. 그러다 어느 순간부터 비가 내렸음 하면 비가 내렸고 눈이 왔으면 하면 눈이 바로 내렸다. 그런데 예수 이름으로 명령한 것

이 아니라 내가 마음먹고 생각만 해도 날씨가 변화되었다. 그러다 작년 3월 말 봄 꽃샘추위로 바람이 엄청 불어서 저녁 산책 중 통통한 내가 날아갈 것처럼 부는 회오리바람에 예수님처럼 해보잔 생각이 들었다.

 그래서 앞서 가시는 예수님을 상상하며 "바람아 잠잠할지어다. 예수의 이름으로."라고 말했다. 10초가 지나자 바람이 조금 덜 불기 시작하더니 내가 걸어가는 방향으로 바람이 잠잠해진다. 그래서 주변 온 사방을 쳐다봤다. 도로변에 전등이 있었기 때문에 나무의 나뭇잎들을 관찰할 수 있었는데 내가 가려는 방향만 바람의 방향이 바뀌는 것이다. 그렇게나 심하게 흔들리던 나뭇잎들이 내가 가는 방향으로만 잠잠해지고 건너편 양쪽에는 세차게 아직도 바람이 부는 것이다. 이 경험을 세 번이나 했다. 바람이 잠잠할 것을 명령하고 바람의 방향이 바뀌는 것을 계속 눈으로 보았다. 할렐루야!

 그래서 그때 예수님께서 바람에게 명령하셨을 때 잠잠하게 됐을 거란 확신을 한다.

  '무릇 하나님의 영으로 인도함을 받는 사람은 곧 하나님의
  아들이라'(롬 8:14)

또 있다. 여름마다 한 차례 태풍이 휩쓸고 지나가면 많은 피해와 재난민들이 생겨 태풍이 조용히 지나갔음 싶었다. 그래서 작년에 심한 태풍 보도가 있던 여름 제자훈련 기도모임도 있는 날이라 다 같이 모여 태풍이 오늘 저녁 지나간다니 일본 쪽으로 방향이 틀어져 지나가도록 기도하자고 했다. 기도모임이 있는 저녁 7시에도 바람과 비가 몹시 불고 내리고 있었다. 예배 보는 중 기도 시간에 나는 "예수의 이름으로 태풍은 잠잠하여질지어다. 일본 쪽으로 갈지어다. 대전은 무사통과 할지어다."라고 강하고 세게 선포하고 방언기도를 했다. 기도모임의 리더였기 때문에 내가 큰 소리로 강하게 태풍 기도한 걸 모두가 들었다. 어떻게 됐을까? 일본 쪽으로 방향이 틀어진 것은 물론이고 전국에서 대전에 비가 가장 적었고 피해도 없었다. 할렐루야!

다음날 뉴스에 예보가 맞지 않았다며 보도가 크게 나왔다. 하지만 기도모임 팀 외에 그 누구도 모를 것이다. 내 기도 때문인 것을 할렐루야! 예수님과 같은 일을 하고 더 큰일 행하도록 능력과 권세 주심을 감사드린다. 아멘.

'나를 믿는 자는 내가 하는 일을 그도 할 것이요 또한 그보다 큰일도 하리니 이는 내가 아버지께로 감이라'(요 14:12)

나는 다음날 아침 전화 받기에 바빴다. 기도가 그대로 됐다고 말이다. 그래서 나는 말했다. "내가 말했잖아요. 날씨까지 다스린다고요."

'믿는 자에게는 능히 하지 못할 일이 없느니라' (막 9:23)

작년 7월 말 토요일에 강의가 있었다. 간만에 강의가 있어서 매력적이고 이쁘게 하고 가려고 준비를 철저히 했다. 그런데 전날인 금요일 퇴근 후 집으로 향하는데 멀리서 시커먼 먹구름이 몰려와 금방이라도 비가 쏟아질 거 같은 것이다. 갑자기 비가 오기 직전의 습한 느낌이 창문을 내리자 확 느껴졌다. 그래서 나는 하나님께 "어. 아버지 안 되는데요. 나 내일 이쁘게 강의하고 싶은데 내일 저 강의 끝나고 비 오면 안 돼요?"라고 혼잣말을 했다. 그 말을 하고 5분 지나자 금방이라도 쏟아질 거 같은 시커멓게 몰려오던 먹구름이 퍼지는 것이다. 그래서 하나님께 "아버지 감사해요."라고 말했다.

다음날 어떻게 됐을까? 오전에 날씨가 너무 좋아서 더웠다. 햇별도 너무 쨍쨍해서 연수원 직원이 "오늘 비가 온다더니 날씨만 좋아요."라고 말하기까지 했다. 그런데 약속처럼 내가 강의를 마치고 집 주차장에 주차하자마자 비가 엄청나게 쏟아졌다. 할렐루야!

이후 엄마한테 가기로 했기 때문에 나는 짐을 쌌다. 비가 멈출 기세가 없어서 20분을 기다리다 그냥 짐가방을 들고 나갔는데 빗줄기가 갑자기 줄어들었다. 그런데 내가 차에 타서 출발하자마자 또 엄청나게 쏟아지는 것이다. 고속도로에서 비가 앞이 안 보일 정도로 쏟아져 거북이걸음으로 차들이 달리고 있었다. 하늘에 구멍이 뚫린 것처럼 바가지로 퍼붓듯 내리던 비가 엄마 집에 도착하기 5분 전 내가 편하게 내리도록 하나님께서 비를 그쳐주셨다. 할렐루야!

　하나님은 나의 모든 것을 아신다. 지금도 비가 오는 것을 안 좋아한다. 불편하다는 이유 때문이다. 며칠 전에도 엄마가 "비가 너무 안 와."라고 말해서 "엄마 나 때문이야."라고 말해서 또 같이 박장대소했다. 올해부터 계절이 많이 바뀌었다. 봄이 길어지고 비도 적어졌다. 여름에 무더위도 예년보다 올해가 달랐다. 영적으로 성장하면 생각하는 대로 된다. 아멘.

> '성령이 친히 우리의 영과 더불어 우리가 하나님의 자녀인 것을 증언하시나니'(롬 8:16)

　항상 엄마한테 가려고 고속도로를 달릴 때 햇볕이 너무 강하면 눈이 부셔서 인상도 쓰게 되고 불편해서 하나님께 늘 말했다. "아버지 눈이 너무 부셔요. 구름 끼어주시면 안 돼요?"라고 말이다. 그러면 5분 뒤 바로 구름이 끼어서 편하게 운전하도록 도와주신다. 지금까지 그렇다. 구름 기둥으로 이스라엘 백성을 보호하셨던 것처럼 햇볕 때문에 불편해하는 나를 편안하게 해주시기 위해 구름으로 해를 가려주신다. 늘 항상 그랬고 어제도 오늘도 그랬다.

'여호와께서 그들 앞에서 가시며 낮에는 구름 기둥으로 그들의 길을 인도하시고 밤에는 불 기둥을 그들에게 비추사 낮이나 밤이나 진행하게 하시니'(출 13:21)

놀라운 것은 영적으로 성장하면 생각을 조심해야 할 일들이 많이 생긴다. 그대로 현실에 나타나기 때문이다. 저자가 너무 바빠서 세차할 시간도 없어 세차 생각을 계속할 때면 정말이지 때 아닌 소나기가 하늘에서 엄청나게 쏟아져서 차까지 깨끗하게 세차해주신다. 할렐루야!

또 요즘 고속도로는 평일, 주말이 없다. 시도 때도 없이 정체가 있다. 그런데 고속도로에서도 내가 가는 시간대만 이상하게 잘 뚫려 거의 막힘없이 크게 정체 없이 작년부터는 형통의 직진이다.

올해 5월경 올레TV로 무료 영화를 본 적 있었다. 영화 제목이 '패신저스'였다. 대부분이 우주에서 일어나는 일이었는데 정말 아름다운 영상들이 많다. 새로운 개척지 제2의 지구로 가는 초호화 우주선에서 벌어지는 어드벤쳐와 남녀 간의 사랑이었는데 끝도 없이 향하는 아름다운 우주를 보며 생각했다. '이 광대한 우주에 있는 모든 것이 나의 아버지의 것이라니'라고 말이다. 갑자기 내 안에서 우러나오는 감동에 감사의 눈물이 났다. 그 광활한 우주 안에서 나는 정말 먼지 같은 존재로 순간 보여졌기 때문이다. 그런 나를 사랑하시는 하나님께 감사했다. 우주 만물의 주 되시고 알파와 오메가시고 감사한 나의 아버지는 하나님이시다. 아멘.

일상생활에도 형통함을 주시다

'너희가 악한 자라도 좋은 것으로 자식에게 줄 줄 알거든 하물며 하늘에 계신 너희 아버지께서 구하는 자에게 좋은 것으로 주시지 않겠느냐'(마 7:11)

주차장에서도 마찬가지다. 가장 앞에 내리기 편한 곳에 주차할 공간이 항상 생긴다. 늘 말한다. "내 자리는 꼭 있어."라고 말이다.

어디를 가든 주차하려고 들어가면 가장 좋은 자리에서 차가 나가거나 가장 가까운 앞에 자리가 생긴다. 주차장에 자리 생기는 일은 7년쯤 된 거 같다. 주차장 생각만 해도 자리가 생기는 놀라운 일이 있다.

작년부터는 신호등까지 형통을 가져다주어 놀랬다. 천사가 내 시간을 알고 미리 맞추는 거 같았다. 아침 출근길 큰 사거리에서 우회전을 해야 하는 곳이 있다. 차량이 워낙 많은 8차선이라 신호가 아슬아슬 걸리는 경우도 많고 빨간불에 걸리면 한참 신호 대기를 해야 해서 출근길에 마음이 급해지는 경우가 거의 매일이었다. 나도 모르게 큰 사거리에 가까워오면 신호 먼저 생각하는 버릇이 생기고 급기야 엑셀을 마구 밟기까지 했다. 말 그대로 얼능 우회전해서 빠져 나가려고 했고 '신호만 열리면 좋겠는데.'라는 생각이 들었다. 그런데 내 생각을 이미 아시고 어느 순간부터 정말 신기하게 내가 우회전하려고만 하면 신호등의 빨간불이 초록불로 코앞에서 바뀌는 것이다. 천사가 신호등을 관리하는 것처럼 신기하게 우회전만 하려면 길이 열렸다. 굳이 "신호야 열려라."라고 말하지 않아도 신호가 열리는 은혜로 출근길이 즐거워졌다.

지금도 외출하려고 차를 끌고 나가면 내가 편히 운전할 수 있도록 모든 상황들을 내게 맞춰주시는 하나님께 감사하다. 할렐루야!

나의 불편함까지도 미리 아시고 주차장이든, 신호등이든 형통을 가져다주시고 내게 늘 가장 좋은 자리를 예비하시는 하나님께 감사하다. 여호와 이레.

'여호와는 나의 목자시니 내게 부족함이 없으리로다'(시 23:1)

신유

'믿는 자들에게는 이런 표적이 따르리니
곧 그들이 내 이름으로 귀신을 쫓아내며 새 방언을 말하며
뱀을 집어 올리며 무슨 독을 마실지라도 해를 받지 아니하며
병든 사람에게 손을 얹은즉 나으리라 하시더라'
(막 16~17~18)

저자는 치유 은사 받은 줄도 몰랐다. 하지만 안수할 때마다 낫는 치유가 나타나면서 '이게 치유인가?'라고 생각한 게 다였다.

'내 아들아, 내 말에 주의하며 내가 말하는 것에 네 귀를 기울이라. 그것을 네 눈에서 떠나게 하지 말며, 네 마음속에 지키라. 그것을 얻는 자에게 생명이 되며 그의 온 육체의 건강이 됨이니라'(잠 4:20~22)

자기치유

'오직 성령이 너희에게 임하시면 너희가 권능을 받고'(행 1:8)

그날도 혼자 운전하면서 뵙기로 약속한 친분 있는 원장님을 뵈러 가던 중이었다. 여자는 한 달에 한 번 마술을 한다. 특히 우리 집안에 모든 여자들은 생리통이 얼마나 심한지 큰언니는 약국에 가서 약 사고 오다 기절할 만큼 생리통이 심했다. 하나님 은혜로 동네분이 보시고 언니를 데려다줬으니 망정이지 요즘 같아선 봉변당하기

딱이다.

하여튼 원장님을 뵈러 운전하러 가는 중 생리통이 너무 심해서 기운이 하나도 없었다. 간신히 운전하다 안 되겠다 싶어서 빨간 신호등에 잠시 멈춘 사이 배에 손을 얹고 방언기도를 하기 시작했다. 통증을 꾸짖고 예수의 이름으로 거부하고 대적했다. 그런데 너무 신기한 것은 내 눈에 열린 환상으로 내 뱃속이 다 보이는 것이다. 까만 것들이 조금씩 사라지면서 맑아지는 것도 함께 보았는데 그 짧은 1분도 안 되는 30초 사이 배가 언제 아팠냐는 듯이 깨끗하게 통증이 사라졌다. 너무 신기했다. 그래서 원장님께 뵙자마자 간증을 했다. 왜냐면 교제하러 갔기 때문이다. 믿는 우리들은 어디를 가든 하나님을 증거하고 간증한다. 할렐루야!

'오직 우리 주 곧 구주 예수 그리스도의 은혜와 그를 아는 지식에서 자라 가라 영광이 이제와 영원한 날까지 그에게 있을지어다'(벧후 3:18)

하루는 눈을 뜨고 거울을 보는데 왼쪽 눈꺼풀 아래 앞쪽으로 다리께가 나려는지 빨개지고 살짝 붓고 아픈 느낌이 있어 다리깨로 의심은 됐지만 말로 뱉지는 않았다. 화장하면서 속으로 '너 왜 생겼니?', '못생겨 보이네.', '세안을 깨끗하게 안 했나.', '물로 깨끗하게 잘 씻어야겠네.'라고 생각했다. 그런데 정말 하루가 다르게 커지는데 새끼손가락 손톱 크기만큼 커져서 화장으로 커버해도 보는 사람마다 "다리깨 났나봐요. 병원 가야겠어요."라는 말을 죄다 하는 것이다.

언니도 눈 밑에 툭 튀어나온 작은 콩알만큼의 다리깨를 볼 때마다 "진옥아, 더 커진 거 같아. 병원 가서 째고 수술해야 될 거 같아."라고 일주일 내내 말했다. 나는 계속 "응, 괜찮아. 금방 나을 거야. 병원 안 가도 돼."라고 같은 대답만 했다. 그리고 혼자 있을 때마다 말로 "다리깨는 예수의 이름으로 깨끗하게 사라질지어다."라고 선포했다. 다리깨가 있는데도 없다 말하며 하루에 3번씩은 치유를 선포했다. 말의 권세, 혀의 권세를 굳건히 붙잡았다. 내가 말한 것에 대한 반대되는 말을 입 밖에 절대 내뱉지 않았다.

그런데 일주일이 지나면서 크기가 조금씩 작아지기 시작하더니 정말 감쪽같이 사라졌다. 약을 먹지도 않았을 뿐더러 기본적인 생활패턴에 변화도 없었고 바꾼 게 아무것도 없었다. 병원은 아예 생각도 안 했다. 거울을 들여다보면 눈에 다리깨는 계속 보였지만 예수님을 통해 우리가 받은 상속자로서의 건강을 내 안에 심었다. 성령으로 말미암아 건강을 선포하고 내 스스로 건강하지 못한 것은 받아들이지 않았다.

> '내가 너희에게 뱀과 전갈을 밟으며 원수의 모든 능력을 제어할 권능을 주었으니 너희를 해칠 자가 결코 없으리라'(눅 10:19)

최근 한 달 전에도 비슷한 일이 있었다. 정말 오랜만에 오른쪽 눈 쌍꺼풀 바로 위 앞쪽에 좁쌀만 한 것이 석 달 넘게 툭 불어나 있는데 눈화장을 할 때마다 걸리고 새도우를 이쁘게 하고 나서도 보이니 눈에 자꾸 거슬렸다. 아마 자세히 본 사람이라면 피부과 가서 눈 위 레이저로 제거하라고 했을 것이다. 근데 늘 그렇듯이 안 되겠다 싶어 두 번째 손가락으로 좁쌀에 대고 "예수의 이름으로 깨끗하게 사라져라."라고 강하게 선포했다. 그리곤 정말 거짓말처럼 일주일 뒤에 깨끗이 사라졌다. 우리 안에 계신 성령님은 예나 지금이나 치유하신다. 할렐루야!

> '우리에게 큰 대제사장이 계시니 승천하신 이 곧 하나님의 아들 예수시라 우리가 믿는 도리(고백)를 굳게 잡을지어다'
> (히 4:14)

방언기도를 하면서 내 안의 성령을 활성화시켜 해가 지날 때마다 감기라는 게 내 몸에서 조금씩 자취를 감춰버리더니 지금은 아예 감기라는 게 없다. 오래전엔 임시 방법으로 몸살이나 기침. 목감기 등 감기 증상이 있다 싶으면 타이레놀을 먹고 일찍 잤다. 아프면 나만 힘들고 고달프기 때문에 얼능 먹고 자야 그 다음날 컨디션이 훨씬 좋기 때문에 아예 증상이 더 나타나기 전에 약 먹고 자는 것이다. 이건 방언 받기 전에 내가 한 행동이었다.

그러다 5년 전까지만 해도 정말 피곤할 때면 목감기가 있었다. 여간해서 잘 걸리지 않고 2년. 3년에 한 번 걸렸는데 한 번 목감기가 걸리면 2주씩 갔다. 어린이집 교사라 말을 많이 해야 하는 직업에는 목감기가 치명적이다. 그리고 계속 피곤이 누적되면 나을 기미조차 없어서 목에 통증이 심할 경우 정말 힘들었다. 더군다나 무슨 체질인지 약을 먹어도 목감기가 낫지를 않아서 애를 먹었다. 거기에 감기약을 3일만 먹으면 얼굴에 노란 여드름이 얼굴 전체에 도포되어 얼굴 피부마저 엉망이 되는 것이다. 지금은 목감기가 없어진 지 오래다. 아예 없다. 할렐루야!

치유가 나타나기 시작하면서 난 어디가 아픈 증상이 있을 때마다 "예수의 이름으로 너를 거부하고 대적한다."라고 계속 선포하고 방언으로 기도한다. 내가 목감기에 대한 생각을 열어주지 않은 이상 목감기는 내게 찾아올 수 없다. 아픈 질병도 마찬가지이다. 보통 사람들이 증상이 느껴지면 속으로든 말로든 "아, 어디 아플 거 같은데."라고 미리 말하기 때문에 마귀가 그 질병을 가지고 몸 안으로 들어온다. 그럼 믿지 않은 사람들은 보통 "내 말이 맞잖아. 증상이 있더니 아프네."라고 아예 질병이 자리 잡도록 자리를 내어준다.

하나님을 믿는 우리는 달라야 한다. 이미 예수님께서 십자가에 우리의 모든 죄와 질병을 짊어지시고 해방시키셨기 때문에 우리는 건강을 말하고 선포한다. 나는 아픈 증상이 있을지라도 그 증상을 내가 받아들이지 않으며 또한 말로 뱉지 않는다. 다른 사람들이 혹 목이 많이 아픈 것 아니냐고 물었을 때에도 정말 많이 아팠지만 "아니요. 다 나았어요."라고 목소리가 안 좋아도 그렇게 말했다. 이것이 정답인 것이다.

질병은 하나님이 주시는 것이 아니라 사탄이 준다. 환경의 어려움을 주는 것도 다 사탄, 마귀짓이다. 예수님께서 채찍에 맞음으로 우리는 이미 나음을 받았다. 현재시제다. 기독교는 위대한 고백이라고 E. W. 캐넌 목사님은 말씀하셨다. 우리가 말한 고백을 우리는 바꾸지 않는다. 건강을 말하였기에 질병이 있을 때라도 우리는 건강을 고백해야 한다.

'그가 찔림은 우리의 허물 때문이요 그가 상함은 우리의 죄악 때문이라 그가 징계를 받으므로 우리는 평화를 누리고 그가 채찍에 맞음으로 우리는 나음을 받았도다'(사 53:5)

구약 욥기 1장 9절부터 보겠다.

9. 사탄이 여호와께 대답하여 이르되 욥이 어찌 까닭 없이 하나님을 경외하리이까
10. 주께서 그와 그의 집과 그의 모든 소유물을 울타리로 두르심 때문이 아니니이까 주께서 그의 손으로 하는 바를 복되게 하사 그의 소유물이 땅에 넘치게 하셨음이니이다

여기서 보면 이 땅에서의 모든 축복은 여호와 하나님께서 인간(택한 백성)에게 주시는 것을 볼 수 있다. 이어서 보겠다.

11. 이제 주의 손을 펴서 그의 모든 소유물을 치소서 그리하시면 틀림없이 주를 향하여 욕하지 않겠나이까

창세기에서 사탄이 하와를 미혹하여 죄를 범하게 했던 것처럼

하나님께 욥의 모든 소유물을 치라고 사탄이 말한다.

> 12. 여호와께서 사탄에게 이르시되 내가 그의 소유물을 다 네 손에 맡기노라 다만 그의 몸에는 네 손을 대지 말지니라 사탄이 곧 여호와 앞에서 물러가니라

하나님은 사탄이 욥의 몸에 손대는 것을 금하였다. 중요한 사실은 하나님께서 소유물에도 몸에도 하나님의 백성에 대한 권리를 가지고 있다는 것과 하나님께서 허락하지 않으면 사탄이 건드릴 수 없음을 알 수 있다. 이건 구약 시대의 사건이다. 우리가 지금 살고 있는 신약 시대가 아니라는 것을 알아야 한다. 구약에 있는 모든 사람들은 신약에서도 오순절 사건 이후 지금 우리가 가지고 있는 성령님을 가지고 있지 못한 거듭나지 않은 사람들이다. 그럼에도 불구하고 구약 시대의 하나님의 백성인 욥을 보호하신 하나님의 사랑과 권리가 나타나 있다.

욥기 2장 1절을 잠시 살펴보겠다.

> 1. 또 하루는 하나님의 아들들이 와서 여호와 앞에 서고 사

탄도 그들 가운데에 와서 여호와 앞에 서니

2. 여호와께서 사탄에게 이르시되 네가 어디서 왔느냐 사탄이 여호와께 대답하여 이르되 땅을 두루 돌아 여기 저기 다녀왔나이다

여기서 볼 수 있듯이 사탄이 이 땅(지구) 여기저기를 돌아다닌다는 것을 알 수 있다.

3. 여호와께서 사탄에게 이르시되 네가 내 종 욥을 주의하여 보았느냐 그와 같이 온전하고 정직하여 하나님을 경외하며 악에서 떠난 자가 세상에 없느니라 네가 나를 충동하여 까닭 없이 그를 치게 하였어도 그가 여전히 자기의 온전함을 굳게 지켰느니라

하나님께서 욥을 변호하고 계시고 그의 믿음을 칭찬하고 계신다.

4. 사탄이 여호와께 대답하여 이르되 가죽으로 가죽을 바꾸오니 사람이 그의 모든 소유물로 자기의 생명을 바꾸올지라
5. 이제 주의 손을 펴서 그의 뼈와 살을 치소서 그리하시면

틀림없이 주를 향하여 욕하지 않겠나이까

6. 여호와께서 사탄에게 이르시되 내가 그를 네 손에 맡기노
라 다만 그의 생명은 해하지 말지니라

여기서 보면 사탄이 계속 하나님을 경외하는 욥을 치고자 하는 의도를 볼 수 있다. 또한 생명까지도 치려고 하는 숨은 의도 역시 볼 수 있다. 하지만 끝까지 하나님께서는 욥의 생명에는 사탄이 손을 대는 것을 금하신다. 사탄이 욥의 소유물과 몸을 쳐서 질병으로 고통 받게 했다는 사실을 우리는 안다.

욥기 42장 10절 끝을 보겠다.

10. 여호와께서 욥의 곤경을 돌이키시고 여호와께서 욥에게
이전 모든 소유보다 갑절이나 주신지라

하나님께서는 생명을 온전케 하시며 복을 주시며 우리를 보호하시고 지키시는 분이시라는 것을 알 수 있다. 반면 사탄은 우리가 가진 모든 것을 파괴하는 것과 질병을 주는 대적자라는 것을 알 수 있다. 하나님은 사랑이시다. 지금 우리는 하나님의 자녀로서 하나

님의 사랑 안에 온전하다. 그리고 하나님의 아들이신 예수님께서 우리를 대신하여 모든 죄와 질병과 가난을 짊어지고 가심으로 우리에게 더 좋은 것을 상속받게 하셨다. 할렐루야!

'그가 네 모든 죄악을 사하시며 네 모든 병을 고치시며 네 생명을 파멸에서 속량하시고 인자와 긍휼로 관을 씌우시며 좋은 것으로 네 소원을 만족하게 하사 네 청춘을 독수리 같이 새롭게 하시는도다'(시 103:3~5)

작년에 어린이집에서 운동회 행사가 봄에 있었다. 달리기를 뛰어야 하는 상황인지라 달리기 뛰기가 싫은 생각을 하다 보니 갑자기 왼쪽 무릎에 통증이 왔다. 계단을 내려갈 때마다 찢어지는 통증이 있어 "너 통증아 예수의 이름으로 떠날 것을 명한다. 너는 나와 상관이 없다."라고 말하니 왼쪽 무릎에 있던 통증이 다음날 사라지고 다시 오른쪽 무릎에 통증이 왔다. 왼쪽보다 굽을 때마다 계단을 내려갈 때마다 걸을 때마다 통증이 더 심했다. 나는 계속 같은 말을 반복해서 선포했고 오른쪽 무릎 통증이 심한 그날 통증을 무시하고 저녁에 1시간을 더 산책했다.

나는 나의 고백을 바꾸지 않는다. 안 아픈 건강한 사람처럼 똑같이 나는 말하고 행동했다. 어떻게 됐을까? 그 다음날 아침 일어나니 통증이 언제 있었냐는 듯이 깨끗이 사라졌다. 내가 달리기 뛰기를 싫어하는 틈을 열어줬기 때문에 마귀가 내가 한 말을 듣고 통증을 가져온 것이다. 운동회 날 나는 달리기를 신나게 뛰었다. 할렐루야! 우리는 마귀에게 틈을 주어서는 안 된다.

'모든 지킬 만한 것 중에 더욱 네 마음을 지키라 생명의 근원이 이에서 남이니라' (잠 4:23)

허리가 아플 때 허리를 한 대 때리면 통증이 사라진다. 나는 내 허리를 때리는 것이 아니라 통증을 가져온 마귀를 때린다. 영적 파워로 내리치는 것이다. 기도도 마찬가지이다. 우리가 영적 힘을 길러서 영으로 마귀를 쳐야 한다. 스미스 위글스워스 목사님과 커리 목사님 말씀처럼 말이다.

최근 한 달 전 일이다. 갑자기 손가락을 조심하란 예언이 왔다. 그래서 조심조심하고 있었는데 어린이집에서 아이를 안으려다 엄지손가락이 삐끗했다. 찌리릭 하면서 혈관에 통증이 느껴졌다. 속으로 '인대가 늘어났나?'라는 생각이 순간 들었다. 그 뒤부터 사물을 잡으려면 엄지손가락의 통증이 계속 느껴졌다. 어린이집에서의 일은 한시도 가만히 있을 수 없는 생활이다. 무언가를 계속 할 수밖에 없기 때문에 손을 사용하지 못하는 경우는 단 한순간도 없다. 계속 움직여야 하기 때문이다.

나는 그 순간 늘 그렇듯이 엄지손가락을 잡고 "예수의 이름으로 치유되라."라고 선포하고 통증을 거부했다. 왜냐하면 예수님께서 채찍에 맞음으로 우리는 이미 나음을 얻었기 때문이다. 또한 이미 예수님께서 우리의 질병을 십자가에서 속량하셨다. 그렇기 때문에 나는 질병을 말하지 않는다. 증상이 있더라도 계속 거부하고 건강함을 선포한다. "통증이 없어졌네."라고 하면 다시 통증이 왔다. 마귀가 증상으로 다시 찔러보더라도 절대 반응하면 안 된다. 늘 똑같이 계속 "내 엄지손가락은 정상이다."라고 말하고 생각했다. 2주가 지나자 조금 나아지면서 한 달째가 되자 완전히 회복되었다.

치유는 그 즉시 나타나기도 하지만 점진적으로 천천히 나타나기도 한다. 바로 치유가 나타나지 않는다고 해서 치유를 안 받은 것이 아니다. 그럴 때는 믿음으로 전진해야 한다. 어쨌든 항상 그렇듯이 병원 생각, 약 생각 자체를 하지 않는다. 우리 안에 치유의 성령님이 계시기 때문에 기도하면서 바로 나을 거란 확신 때문이다. 누구든지 아파서 증상이 있다면 증상 말하기를 멈추고 계속 말씀 고백하기를 시작하라.

'하나님께로부터 나신 자가 그를 지키시매 악한 자가 그를 만지지도 못하느니라' (요일 5:18)

구약에서 하나님의 영은 지성소 즉 가장 거룩한 곳에서만 임재를 하셨다. 하나님이 거주하시는 성막의 성소인 것이다. 거룩한 곳엔 더럽고 지저분하고 죄가 있을 수 없다. 깨끗하고 성결해야 한다. 성경말씀 출애굽기 3장 5절을 살펴보면 모세에게 하나님께서 '하나님이 이르시되 이리로 가까이 오지 말라 네가 선 곳은 거룩한 땅이니 네 발에서 신을 벗으라'라고 말씀하신다. 신발의 먼지조차도 가까이 접근할 수 없는 것이다.

그러나 지금 신약 시대 사는 우리는 새로운 피조물이다. 우리 몸은 성령의 전으로 하나님의 영이 머무르는 처소이다. 그런즉 우리 안에 계신 성령님으로 우리는 항상 거룩한 곳이기 때문에 죄가 나온 질병이 우리 몸에 있을 수 없는 것이다. 그래서 위 말씀처럼 악한 마귀가 나를 만지지도 못한다. 질병이 침투할 수 없는 것이다. 그러므로 담대히 질병에 대한 생각을 멈추고 건강 선포하기를 강하고 담대히 하라. 귀신이 우리 안에 계신 예수님을 보고 도망가듯 우리는 예수 그리스도의 이름으로 무엇이든 가능하다. 또한 성령님께서 우리를 주장해주심에 감사하다.

'믿음은 들음에서 나며 들음은 그리스도의 말씀으로 말미암았느니라'(롬 10:17)

조카들이 나를 보면 항상 박장대소 웃는다. 질병과 실패에 대한 사회적 문제를 얘기하면 바로 "예수 믿는 사람 그런 거 없어."라고 말하기 때문이다.

'너희가 너희 하나님 나 여호와의 말을 들어 순종하고 내가 보기에 의를 행하며 내 계명에 귀를 기울이며 내 모든 규례를 지키면 내가 애굽 사람에게 내린 모든 질병 중 하나도 너희에게 내리지 아니하리니 나는 너희를 치료하는 여호와임이라'(출 15:26)

타인치유

'믿음의 기도는 병든 자를 구원하리니 주께서 그를 일으키시

리라'(약 5:15)

　11년 전에 있었던 일이다. 셋째언니가 무리하여 일을 할 경우 피곤이 쌓이면 이하선염이 생겼다. 그러지 않아도 얼굴이 넓은 편에 이하선염까지 생기면 더 넓어져서 언니가 아주 싫어했다. 더군다나 이하선염이 생기면 주말에 꼭 링겔을 맞고 약을 일주일치를 먹어야 나았다. 그런데 그날도 며칠 동안 턱이 아파서 음식도 잘 씹지 못한 상황인데도 새벽기도를 고집하며 언니는 쉬지 않고 다녔고 나는 덩달아 같이 다니고 있었다. 새벽기도를 가면서 언니가 "점심 지나서 병원에 다녀와야겠어."라고 말을 해서 병원에 다녀올 거로 예상했다.

　어쨌든 교회에 도착하여 새벽예배 중 설교를 마치고 기도를 하고 있는데 갑자기 환상으로 언니가 기도를 해달라며 다가와 내가 왼쪽 턱에 손을 대고 떼자 이하선염이 깨끗이 사라져 언니가 좋아라 달려가는 모습을 보았다. 기도도 끝나고 교회 현관문을 나오는데 언니가 "진옥아 이따 기도 좀 해줘."라고 말하는 것이다. 그래서 "언니 이미 나았어."라고 말하곤 환상으로 본 것처럼 교회 마당에 서서 턱에 손을 대곤 "예수의 이름으로 이하선염은 사라질 것을 명한다."라고 말하곤 집에 와서 30분을 잤다.

점심을 먹고 1시가 지났는데 언니가 병원 간다는 말을 안 하는 것이다. 그래서 '좀 늦게 가려나.'라고 생각했다. 2시간 지나 3시가 되어 언니한테 "언니 병원 안 가?"라고 물었다. 그랬더니 언니가 "있잖아. 신기한 게 점심 먹고도 뻐근한 게 조금 있었거든. 그런데 지금 하나도 안 아파."라고 말을 하는 것이다. 붓기도 빠지고 정상으로 돌아왔다. 할렐루야!

3년 전 조카가 엄마를 데리고 미국에 사는 큰언니네 집에 한 달 간 여행 간 적이 있었다. 엄마가 미국에 갈 생각을 하니 80세 연세에 매일 기도하시면서도 걱정스러움이 조금 있으셨던 것 같다. 미국 출발 한 달 전부터 계속 먹기만 하면 소화불량에 먹으면 잘 체하고 위가 내내 편하지 않아서 먹는 게 여간 신경 쓰이는 게 아니었다. 그래서 가족들 모두 "엄마가 미국 가서도 잘 먹어야 할 텐데."라는 말을 서로 했다. 왜냐하면 한 달 사이 신경을 너무 써서 그런지 엄마가 말랐기 때문이다. 늘 그렇듯이 또 모두가 엄마를 위해 기도하기 시작했다. 인천 공항으로 버스를 타고 가는 하루 전날 대전에서 주무시며 컨디션 좋게 맛있는 것도 먹으며 언니가 이것저것 챙기고 짐도 확인했다.

개인적으로 나는 킹 사이즈 침대에서 잔다. 그리고 무엇보다 중요한 것은 그 침대에서 10년 넘게 기도했다는 사실이다. 기도 부탁도 많이 받아 은사자로서 다른 사람을 돕고 세워주기 위해 동역기도도 많이 하였기에 침대가 효력이 있을 거라 난 생각했다. 그래서 엄마랑 같이 나란히 내 침대에서 자고 미국으로 조카와 출발했다. 너무 감사한 것은 미국에서 너무 잘 먹고 폭식에 가까운 음식을 드셔도 고기를 엄청나게 많이 드셔도 전혀 탈도 없이 오히려 살이 통통하게 쪄서 한국에 기분 좋게 오셨다는 사실이다. 소화가 너무 잘 됐다고 하셨다. 오히려 큰언니와 조카가 이제는 너무 많이 드셔서 탈날까 신경 쓰였다고 말했다. 나는 "엄마가 기도하는 내 침대에서 자고 가서 치유 받은 거야."라고 말한다. 할렐루야!

　나의 성령의 기름부음이 옷에 묻어나는 것처럼 내가 누워 있는 자리에도 기름부음이 묻어날 수 있다고 보기 때문이다. 그리고 가족 모두가 엄마를 위한 기도가 뒷받침되었다. 하나님 앞에 가족들이 기도로 하나가 된다는 사실만으로도 감사하다.

　　'너는 기도할 때에 네 골방에 들어가 문을 닫고 은밀한 중에 계신 네 아버지께 기도하라 은밀한 중에 보시는 네 아버지께서 갚으시리라'(마 6:6)

나의 치유 사역 중 나를 보기만 해도 치유를 받으시는 분이 계시다. 아마도 내가 그분들에게 제자훈련 또는 말씀양육을 하고 있기 때문일 것이다. 6년 전 예전에 근무했던 어린이집에 여름휴가로 차 마시러 한 번 놀러간 적이 있었다. 원장님과 담소를 나누는 중 말씀을 들으니 40대 초 폐경이 일찍 와서 조금 속상하시다는 말씀이셨다. 나는 그날도 이 간증, 저 간증을 하며 하나님 얘기, 믿음 얘기만 줄곧 하다 헤어졌다. 그런데 다음날 원장님께 전화가 왔다. 신기하게도 내가 어제 다녀가고 몇 달 동안 안 하던 생리가 터졌다는 것이다. 할렐루야!

치유 받은 사람만이 치유를 안다. 해마다 원장님과 두 번은 꼭 차도 마시고 밥도 먹는다. 그간 소식도 나누고 교제도 하고 어린이집 생활에 대한 정보도 나눈다. 그날도 원장님과 에떼에서 차를 마시며 이 얘기, 저 얘기를 나누는 중 치유에 대한 간증을 한참 하고 있을 때였다. 갑자기 원장님께서 "어?" 하시더니 "팔이 안 아픈데?"라고 말씀하시는 것이다. 나는 무슨 영문인지 몰라서 여쭤보았다. 원장님은 영아전담 어린이집을 운영하신다. 신입원아가 있어 적응기간이라 교사를 배려하여 아이를 많이 안아주셨다는데 결국 왼쪽 팔이 한동안 아프고 안 좋아 병원에 가서 검사도 받고 약도 타고 일주일째 약을 먹는데 증상은 똑같고 나을 기미가 없다는 것이다. 그런데 하나님의 간증 얘기를 나누는 중 치유 받으신 것이다. 할렐루야!

항상 우리는 성령님께 열린 마음을 가져야 한다.

'내 이름을 경외하는 너희에게는 공의로운 해가 떠올라서 치료하는 광선을 비추리니 너희가 나가서 외양간에서 나온 송아지 같이 뛰리라'(말 4:2)

안수하지 않아도 하나님께서는 치유하신다. 친분이 있는 선생님과 청주를 어쩌다 같이 가는데 그날 따라 본인이 운전한다고 하여 천천히 얘기를 나누며 청주로 가고 있었다. 근데 청주에 도착할 쯤 선생님이 갑자기 "선생님 저 허리 안 아파요."라고 말하는 것이다. 나는 또 무슨 말인가 싶어 "왜요?"라고 말했다. 그랬더니 어린이집에서 아이들이 이뻐서 계속 안아줬더니 허리가 심하게 아파서 자다가도 허리 통증 때문에 깬다는 것이다. 그래서 병원에 가긴 가야 하는데 시간을 뺄 수가 없어 간신히 버티고 있었다는 거다. 오늘 나와 약속만 아니면 병원 가서 물리치료를 받을 작정을 하고 있었단다. 그런데 나와 청주 가는 길을 선택했고 믿음 얘기, 간증 얘기, 어린이집 얘기를 나누는 중 하나님께서 치유하신 것이다. 할렐루야!

한 번은 또 너무 피곤해서 눈떨림이 일주일도 넘게 심해 부모 등 하원시 맞이하기가 민망하다면서 눈이 물결치듯 떤다는 것이다. 그런데 그때도 나와 청주에 같이 가며 30분 정도 얘기 나누는 중 갑자기 "선생님 저 눈떨림이 사라졌어요."라고 말하는 것이다. 해마다 선생님은 하나씩 치유를 받으신다. 몸도 하나요 성령도 한 분이시기 때문이다(엡 4:4).

> '예수께서 모든 도시와 마을에 두루 다니사 그들의 회당에서 가르치시며 천국 복음을 전파하시며 모든 병과 모든 약한 것을 고치시니라'(마 9:35)

또 있다. 작년 6월경 주일 11시 예배를 마치고 다 같이 결혼식장에 참석해야 하는 날이었다. 그래서 휴게실에서 잠시 10분 정도의 시간적 여유만 있어 커피를 얼능 마시며 출발하려고 대기 중이었다. 그런데 갑자기 마주앉아 있던 선생님이 나를 쳐다보더니 "선생님 손목 기도 좀 해주세요."라고 말하여 시간도 없어 급하게 손목에 손을 얹고 "거짓 통증아 예수의 이름으로 떠나. 예수의 이름으로 치유되라."라고만 기도하고 바로 결혼식장으로 모두 달려갔다.

예식장 안 뒷편에서 나와 선생님이 나란히 서 있었는데 계속 손목을 왔다갔다 꺾는 행동을 하는 것이다. 나는 그새 잊어버려서 속으로 '왜 저러지?'라고만 생각했다. 그러다 선생님한테 직접 물어봤다. "선생님 왜 그래요?"라고 물어보니 나를 쳐다보는데 눈에 눈물이 고여 있었다. 선생님이 "아이들을 많이 안으니까 손목이 아파서 병원에 가야 되는데 병원도 못 가고 날짜만 지났는데 몇 달 됐거든요. 정말 자다가도 아파서 통증에 깨요. 근데 선생님이 기도해주고 통증이 전혀 없어서 손목을 왔다갔다 해보는 거예요. 너무 신기해요."라고 말했다.

치유가 즉각적으로 나타난 예이기도 하지만 믿음의 치유기도를 스스로 굳게 붙잡고 믿었기 때문에 성령의 치유가 더 빠르게 나타난 결과이기도 하다. 신약 시대에 살고 있는 믿는 자들에게 가장 중요한 것은 믿음이다. 한마디로 믿음대로 될지어다. 아멘.

'그가 믿은 바 하나님은 죽은 자를 살리시며 없는 것을 있는 것으로 부르시는 이시니라' (롬 4:17)

그리고 작년 겨울엔 커피숍에서 커피를 마시다 선생님이 갑자기 내 손을 잡아당기더니 자기 어깨에 올리면서 "선생님 저 팔 기도 좀 해주세요. 팔이 저리고 아파요. 봄부터 팔이 안 좋았거든요."라고 말하여 나는 그때처럼 간단히 "예수의 이름으로 통증아 떠나. 팔은 정상적으로 기능할지어다. 예수의 이름으로 치유되라."라고 말하곤 커피를 마셨다. 2주일째 선생님을 만나 자세히 말해주는데 일주일 지나고 조금씩 통증이 덜하더니 이내 안 아프다는 것이다.

그리고 한 달 지나 또 말했다. 그때 기도하면서 손등에 있던 물혹까지 치유 받았다고 말이다. 손등에 물혹이 생겨 선생님들마다 병원 가보라고 아우성이었다는 것이다. 그만큼 손등에 혹이 불어나서 조금 걱정을 하고 있었단다. 그래서 몇 달 전에 병원 가서 처방 받아 약을 먹었는데 전혀 효과가 없어 의사선생님한테 어떻게 하는 게 좋겠냐고 물어보았다고 했다. 그랬더니 크게 생활하는 데 지장은 없으니 손을 덜 쓰라며 조심하라고만 했다는 것이다. 그런데 팔이 치유가 되면서 손등에 있던 물혹도 깨끗이 사라졌다며 좋아했다. 할렐루야!

하나님의 생명은 머리끝부터 발끝까지 흘러가 내가 모르는 질병까지도 깨끗하게 치유하신다.

> '갓난 아기들 같이 순전하고 신령한 젖을 사모하라 이는 그로 말미암아 너희로 구원에 이르도록 자라게 하려 함이라'
> (벧전 2:2)

우리는 하나님의 생명을 흘려보내야 한다. E. W. 캐년 목사님은 말씀하셨다. 하나님의 생명은 모든 질병을 치유하고 암을 파괴하며 죽은 자를 살리고 지옥의 세력으로부터 영혼을 구출한다고 말이다. 우리가 예수를 믿고 거듭나는 순간 하나님의 생명과 본성이 우리에게 전이된다. 우리 안에 계신 하나님의 생명으로 인해 감사드린다. 할렐루야!

'사랑하는 자여 네 영혼이 잘 됨 같이 네가 범사에 잘 되고
강건하기를 내가 간구하노라' (요삼 1:2)

현재 근무하고 있는 어린이집 원장님은 스트레스성 알러지가 있으시다. 급 스트레스를 받으면 온 전신에 두드러기처럼 퍼지고 약을 일주일은 먹어야 그나마 좀 낫고 가려움증까지 동반한다 했다. 작년 일이다. 어린이집 감사로 인해 스트레스가 되셨는지 회의 때 보니 목에 머플러를 두르고 계셨는데 순간 나도 모르게 알러지 생각이 떠올랐다. 그래서 속으로 '아, 아닐 거야.'라고 결정했다.

다음날 아침 예배 때 보니 알러지가 맞았다. 원장님 얼굴 보자마자 하나님께서 "기도해줘라."라고 말씀하시는 거다. 그래서 예배 시작 전 원장님께 "원장님 예배 마치고 기도해드릴게요."라고

말했다. 예배 마치고 기도해드리려니 원장님께 다른 선생님이 질문이 있어 대화를 나누는데 금방 끝날 것 같지가 않아 '이따 그냥 해드리나? 지금 해야 하는데.'라고 속으로 생각하며 기다리다 그냥 나오고 있었다. 참고로 저자가 다니는 어린이집은 아침 예배를 드리는 곳이다.

하여튼 나오다 급기야 원장님께서 쫓아 나오셨다. "선생님 기도해주세요. 저 8시 40분에 나가야 돼요. 병원에 예약해놨거든요."라고 말씀 주시는데 시계를 보니 5분 정도밖에 안 남았다. 기도가 긴 건 아니니 얼능 기도해드려야겠다 싶어서 안으로 잠깐 들어가 기도해드렸다. 왜냐하면 하나님께서 기도해주라고 할 경우 바로 순종하는 마음으로 그 즉시 하는 것이 나도 마음 편하기 때문이다.

하여튼 언제 초고속으로 다녀오셨는지 원장님이 자리에 계셨다. 나는 원장님께 "원장님 빨리 다녀오셨네요."라고 얘기를 드리자마자 원장님께서 가까이 다가와 "선생님 신기해요.", "왜요?" 자초지종을 들어보았다. 원장님 말인즉슨 병원 예약 시간 때문에 서둘러 가고 있었는데 증상이 없어져서 자동차 안에 거울을 보니 두드러기가 다 없어졌다는 것이다. 그래서 병원 담당의사에게 전화를 걸어 두드러기가 다 없어졌는데 병원에 가야 하냐고 여쭤보셨단다. 그러자 혹시 모르니 약이라도 타가면 어떠냐는 의사선생님의 소견에 약을 타서 가져오셨다고 하셨다. 두드러기는 그 이후에도 보이지 않아 약 먹을 기회는 없었다. 할렐루야!

'나는 너희를 치료하는 여호와임이니라' (출 15:26)

어린이집 행정선생님이 계셨다. 행정업무로 인해 오래전부터 생긴 두통은 낮이나 밤에도 끊이지 않았고 생리통도 너무 심해서 약을 달고 있어야 하루 생활을 해나갈 수 있었다. 하루는 원장님의 권유로 생리통 치유기도를 할 수 있는 기회가 생겼다. 조용한 곳으로 둘이 가서 잠시 10분 정도 교제를 하고 아랫배에 내 손을 얹은 뒤 생리통을 꾸짖고 쫓은 뒤 방언기도를 한참 동안 했다. 방언기도가 평안해질 때까지 했다. 그리고 치유된 걸로 믿으라는 말만 했다.

아직 선생님은 방언에 대한 거부가 조금 있어 방언 받고 싶어 하질 않았기에 적당한 시기를 기다리고 있었다. 그리고 석 달째 복도에서 선생님을 만났는데 말할 기회가 없어서 말을 못했다는 것이다. 기도 받고 나서 생리통이 사라져서 "통증이 없네. 신기하다. 진짜 없네."라고 하면서 두 달을 지나 석 달째라는 것이다. 그 달에도 없이 컨디션이 아주 좋다고 했다.

사실 나는 두통이 있는 줄은 몰랐는데 사무실 컴퓨터를 보고 있는 선생님을 어쩌다 보면 인상을 많이 쓰고 계셔서 두통 생각이 얼핏 지나갔을 뿐이지 심할 거란 생각은 전혀 하지 못했다. 그러다 또 원장님께 들었고 기도 처음 해주던 그날도 선생님을 사무실에서 우연히 쳐다봤는데 투시가 열렸다. 두통에 시달리고 있었다. 머리에 오만가지 생각들이 꽉 차 있어서 포화 상태였다. 머리를 맑게 해야 했다.

몰입하여 컴퓨터를 쳐다보는 선생님을 지나치다 머리에 손을 얹고 "예수의 이름으로 두통아 떠나. 예수의 이름으로 치유되라."라고만 말했고 나는 아무 말 없이 그냥 보육실로 갔다. 그리고 2주 뒤 아무도 없이 선생님만 계신 사무실을 보고 지나가다 그날도 갑자기 기도를 해주겠단 말도 없이 무작정 책상에 앉아 컴퓨터를 보고 있는 선생님 머리를 잡고 똑같이 큰 소리로 쫓았다. 어떻게 됐는지 우리는 이미 답을 알고 있다. 두통이 사라져서 지금껏 없다. 할렐루야!

행정선생님은 두 번의 치유로 새로운 경험을 하게 되면서 하나님을 신뢰하게 됐고 방언도 받으셨다. 그리고 계속 말씀고백을 하고 계시다.

'이스라엘의 하나님 여호와여 천지에 주와 같은 신이 없나이다. 주께서는 온 마음으로 주의 앞에서 행하는 주의 종들에게 언약을 지키시고 은혜를 베푸시나이다'(대하 6:14)

구약 시대에는 종이었지만 신약 시대의 우리는 하나님의 아들들이다. 구약 시대의 종도 하나님의 은혜 안에 있었다면 신약 시대에 사는 하나님의 아들은 얼마나 큰 은혜를 받겠는가. 하나님은 사랑하는 독생자 아들까지도 내어주실 만큼 우리를 사랑하셨다. 그러니 우리에게 못 줄 것이 무엇이겠는가.

최근에 있었던 일이다. 어린이집에는 평가인증이라는 것이 있다. 친한 원장님(언니 제자)이 올해 2019년 7월 평가인증이 있었다. 보육환경을 위해 직접 내부 이곳, 저곳 페인트를 칠하고 일이 생기던 그날도 천정에 페인트를 칠하고 계셨단다. 그날 밤늦게까지 야근하며 천정에 페인트를 칠하는데 아무래도 장시간 자세가 편하지 않다보니 칠하는 중 허리가 갑자기 뜨끔했다고 했다. '괜찮겠지.'라고 생각하며 퇴근하셨다는데 야밤에 자다 말고 허리통증 때문에 응급실에 실려 갔다는 것이다. 그리곤 허리 통증으로 남편분이 출퇴근을 시키고 계셨단다.

나는 그 얘기를 언니한테 주말에 듣고 월요일 아침 어린이집에 들어가기 전 전화를 했다. 왜냐하면 치유기도는 지금 당장 하는 것이지 늦게 할 필요가 없기 때문이고 기도하는 데 1시간 걸리는 것도 아니기 때문이다. 단 1분이면 된다. 나는 아프면 바로 전화를 하지 왜 안 했냐며 첫마디가 나무랐다. 그리곤 믿음으로 받으라고 했다. "하나님께서는 거리에 제한 받지 않으십니다. 지금 예수의 이름으로 명하노니 허리의 거짓 통증아 지금 당장 떠나. 다시는 오지 못할지어다. 예수의 이름으로 아멘." 이게 끝이었다.

언니가 저녁에 퇴근 후 와서 내게 말해주는데 오늘 월례회가 있어 원장이 허리가 불편하니 언니가 직접 데리고 회의 장소로 갔다고 했다. 근데 원장이 신기하다면서 차 안에서 얘기를 하더란다.

"교수님 오늘 아침에 장 원감님이 전화를 주셨는데 기도를 해주셨거든요. 근데 어린이집 들어가자마자 이 일. 저 일 하느라 정신없었는데 두세 시간 지나고 허리 통증이 약도 안 먹었는데 하나도 안 아픈 거예요. 그냥 조금 덜한 게 아니라 아예 통증이 없어서 지금 괜찮아요."라고 말했다는 것이다. 할렐루야!

그리곤 월례회 때 만난 원장님들한테 간증했다고 했다. 원장님은 "신기하다."라는 말로 치유 체험을 전파했다. 하나님 나라를 확장할 수 있는 능력 주심을 감사하다. 성령님께서 나와 함께 동역하셔서 증인되게 하심도 감사하다. 우리는 날마다 하나님 나라를 이 땅에서 확장하며 하나님께 영광 돌려야 한다.

'너희 안에서 행하시는 이는 하나님이시니 자기의 기쁘신 뜻을 위하여 너희로 소원을 두고 행하게 하시나니'(빌 2:13)

동물치유

'하나님은 이르시되 땅은 생물을 그 종류대로 내되 가축과 기는 것과 땅의 짐승을 종류대로 내라 하시니 그대로 되니라 하나님이 땅의 짐승을 그 종류대로, 가축을 그 종류대로, 땅에 기는 모든 것을 그 종류대로 만드시니 하나님이 보시기에 좋았더라'(창 1:24~25)

하나님께서 여섯째 날 가축과 땅의 생물, 가축, 기는 것, 땅의 짐승을 종류대로 만드시고 모든 것을 다스리게 하는 사람을 창조하셨다. 그리고 남자와 여자를 창조하시고 이 세상에 존재하는 모든 생명체에게 먹을거리도 만들어주셨다(창 1:24~31).

'천지와 만물이 다 이루어지니라'(창 2:1)

이 땅 지구에는 세 종류만 존재한다. 식물, 동물, 인간이다. 하나님께서는 식물, 동물을 인간이 다스리게 하셨다. 동물은 영이 없어 천국에 갈 순 없지만 여섯째 날 하나님이 지으신 그 모든 것을 보시니 보시기에 심히 좋았더라(창 1:13)라고 성경에 말씀하신 것처럼 동물도 하나님이 기뻐하시는 창조물이기에 우리는 동물을 사랑해야 한다.

　집에 흰 단모에 푸른 눈을 가진 고양이를 키운다. 래이(고양이 이름)도 한 달째 와서 벌써 13살이나 되었다. 작년 초 래이 귀를 만지다 왼쪽 밑 주름진 곳에 작은 혹이 있는 것을 발견했다. 동물병원에 가서 검사를 받아보니 생활하는 데 크게 지장은 없으니 수술까지 받을 필요는 없다는 결과였다. 그래서 대수롭지 않게 생각했다. 그런데 시간이 지날수록 볼 때마다 조금씩 크기가 커지는 느낌이 계속 들어 가족들에게 물어보자 나와 같은 의견이었다.

　그래서 그 뒤부터 손가락으로 혹을 잡고 "예수의 이름으로 혹은 깨끗이 사라질지어다. 머리끝부터 발끝까지 예수의 이름으로 치유되라."라고 명령했다. 나는 지금도 "세상에 축복기도 받는 고양이는 너밖에 없을 거다. 래이야, 건강하게 오래 살아. 그래야 20년이지만. 축복해."라고 말한다. 래이도 재미있는 게 내가 머리에 손을 없으면 이젠 움직이지 않고 가만히 있는다. 그렇게 기도해주다 보니 습관이 생겨 내가 기도해주고 "아멘."이라고 끝맺음을 하면 래이도 "야옹."이라고 답한다. 처음엔 우연이겠지 싶었다. 그런데 기도해줄 때마다 래이가 "야옹."이라고 답했고 어느 날 래이가 답하지 않고 가만히 있어 "래이야 아멘이라고 해야지."라고 말하면 그 때 래이가 "야옹."이라고 답하는 것이다. 매번 그랬다. 그렇게 볼 때마다 혹을 잡고 예수의 이름으로 명했고 지난달 갑자기 혹에서 피가 나더니 탄 것처럼 새까맣게 변하곤 이내 똑 떨어져 감쪽같이 혹이 사라졌다. 할렐루야! 하나님은 온 세상에 치유자이시다. 동물의 혹도 깨끗하게 하신다.

'하나님이 그들에게 복을 주시며 하나님이 그들에게 이르시되 생육하고 번성하여 땅에 충만하라. 땅을 정복하라. 바다의 물고기와 하늘의 새와 땅에 움직이는 모든 생물을 다스리라 하시니라'(창 1:28)

이 땅의 모든 것을 다스리게 하는 통치권을 우리에게 주신 하나님, 우리는 그 하나님의 생명(Zoe) 안에서 의로 기능해야 합니다. 의는 어떤 정죄감이나 열등감 없이 하나님의 임재 앞에 설 수 있는 능력을 뜻합니다. 우리에겐 중보자, 변호사이신 예수님을 통하여 하나님 앞에 섭니다. 대재판장이신 예수님으로 인하여 우리는 담대하게 하나님을 아버지로 바라봅니다. 그리고 아버지는 자식의 기도를 항상 들으십니다. 아멘.

공급

'나의 하나님이 그리스도 예수 안에서 영광 가운데
그 풍성한 대로 너희 모든 쓸 것을 채우시리라'
(빌 4:19)

오병이어는 예수님께서 다섯 개의 떡과 물고기 두 마리로 5천 명을 먹이신 기적을 행하신 일을 말한다. 처음 성경을 접한 사람들은 아마도 신화나 거짓된 이야기라고 말할 수도 있다. 또 한편으로 '거짓말을 해도 분수가 있어야지.'라고 생각하실 수도 있다. 저자도 처음 성경을 읽으면서 말도 안 되는 상상도 할 수 없는 일들이라며 믿겨지지 않았고 이게 진짜 사실인가라는 의문을 가진 적도 있었다. 하지만 성경의 모든 말씀은 진리이다. 내 자신이 온전히 의심하지 않고 믿기만 하면 은혜를 주시고 모든 사건들이 사실이라는 것을 깨닫게 해주신다. 가장 놀라운 기적은 예수 그리스도를 통해 우리가 영적으로 거듭난 일일 테고 새로운 종족인 새로운 피조물이 된 사건일 것이다.

'그런즉 누구든지 그리스도 안에 있으면 새로운 피조물이라 이전 것은 지나갔으니 보라 새 것이 되었도다'(고후 5:17)

하여튼 저자는 오병이어와 같은 일을 경험한 적이 있다. 여자라면 누구나 기초화장에 공을 들인다. 세안도 노폐물 없이 깨끗하게 모공 속에 때와 먼지를 벗기듯 한참 동안 거품으로 원을 그리며 둥

글리고 물로 뽀드득 소리가 날 정도로 씻어 세수를 한다. 그리고 깨끗한 피부. 피부 청결함을 유지하고 잡티가 생기지 않으려고 스킨. 세럼. 에센스 로션. 크림 등 바르는 것이 무궁무진할 정도다. 여기에 흡수를 잘 시킨다고 두들기며 바른다. 그렇게 애를 써서 깨끗하고 맑은 피부를 갖길 누구나 여자라면 소망한다.

그런데 어느 날 이상하단 생각이 문뜩 들었다. 벌써 다 쓰고 사야 할 시기가 한참 지난 스킨이 생각났다. 왜냐하면 보통 스킨을 사용하면 2~3달 정도 넉넉하게 쓴다. 저자는 거의 1년을 썼다. 이게 웬일인가 싶어 생각하다 '이것이 오병이어구나.'라고 깨닫게 됐다. 그전엔 오병이어가 도대체 뭔가라는 궁금증이 있었는데 이 일로 인해 오병이어는 지금도 현실에 나타난다는 사실을 이해하게 됐다. 믿기만 하면 말이다. 이후에는 립스틱. 에센스. 세럼 등 일부러 사려고 화장품 코너에 가는 일이 몇 년간 거의 없었다. 생각만 하면 공급되어졌기 때문이다.

자동차 바퀴도 바퀴에 빵구도 나고 마모도 많이 되어 카센터에서 바로 교체해야 한다고 했는데 기도하고 다니면서 불편함 전혀 없이 1년을 더 사용했다. 이건 내 믿음의 기준이니 기도하지 않고 다니지 않을 생각이라면 따라하지 않는 것이 좋겠다. 작은 것에 감사하기 시작하라.

  '여호와께서 주시는 복은 사람을 부하게 하고'(잠 10:22)

하나님은 나의 선행을 통해서 항상 공급해주신다. 필요한 것마다 말이다. 지금까지 내가 다른 사람들의 필요를 따라 공급해주면 나의 필요를 또한 채워주셨다. 새 구두를 사고 싶어서 구두 생각을 하면 언니가 갑자기 "진옥아 오늘 구두 사줄게."라고 말을 했다. 좋은 가방을 갖고 싶으면 갑자기 형부가 언니 가방을 사면서 내 가방까지 사주셨다.

영적으로 성장하면 생각만 해도 공급되어진다. 모든 물품의 공급은 생각만 하면 다 들어왔다. 지금의 자동차도 하나님께서 주신 선물이다. '자동차를 바꿔야 하나.'라는 생각을 했더니 기도 중 빨간 세단이 내 앞에 서는데 보면서도 마음에 드는 차였다. 그 환상을 보고 속으로 '아버지가 차 바꿔주시려나?'라고 생각했더니 2주 만에 차도 바꿔주셨다. 할렐루야!

옷을 사고 싶을 때도 마찬가지다. 가격대가 너무 비싸 마음에 두고 있으면 하나님께서 파격 세일에 추가 세일까지 더해서 정말 저렴한 가격에 옷을 사게 해주시는 은혜가 넘쳤다. 모든 물건을 공급해주실 때마다 내가 만족스럽게 해주셨다. 지금까지도 그렇다. 먹거리에서도 은혜는 차고 넘쳤다. 항상 내가 먹고 싶은 것으로 결정됐다. 기도모임이나 사람들을 만나 교제할 때에도 메뉴를 거의 선정하여 확정이 될 쯤 내가 먹고 싶지 않으면 메뉴가 바로 바뀌어 결국 속으로 내가 먹고 싶어 했던 메뉴로 결정됐다.

어느 날 '시원한 아이스커피 마시고 싶다.'라고 생각하면 몇 시간 뒤에 누군가 커피를 사들고 왔다. '오늘은 달콤한 빵 먹고 싶다.'라고 생각하면 정말 누군가 빵을 사들고 온다. 겨울에도 '따뜻한 붕어빵 먹고 싶다. 누가 안 사오나?'라고 생각하면 정말 몇 시간 지나면 누군가 또 사와서 맛있게 먹었다. 이것이 형통인 것이다. 축복을 누리는 것이다. 하나님의 자녀가 누리는 특권인 것이다. 아버지(하나님)는 다 아신다. 내가 무얼 원하는지 말이다.

'여호와를 찾는 자는 모든 좋은 것에 부족함이 없으리로다'

(시 34:10)

말

'내가 진실로 너희에게 이르노니
누구든지 이 산더러 들리어 바다에 던져지라 (말)하며
그 말하는 것이 이루어질 줄 믿고 마음에 의심하지 아니하면
(말한 것이) 그대로 되리라'
(막 11:23)

사람들은 말, 말, 말을 조심해야 한다고 말한다. 그러면서 정작 자신 스스로는 말을 잘 사용하지 못함으로 현실에서 어려움을 당하는 경우가 많다. 과거에 내가 말한 것들의 나타남이 지금의 현실이라고 한다면 정말 말을 잘 사용할 것이다. 위 성경말씀은 결국 말한 것을 갖게 된다는 것이다. 내가 의심하지 않고 믿는 믿음 위에 기초한다면 말이다. 마음과 말이 일치하되 어떠한 의심조차도 하면 안 되는 것이다. 하나님의 말씀은 불변한다. 우리가 고백하는 말씀에 우리의 말과 마음과 행동을 일치시키는 것이 가장 중요하다.

아픈 사람들을 치유하는 과정에서 상대방의 말을 들어보면 아픈 얘기밖에 하지 않는다. 치유에 대한 간증과 교제를 가진 뒤 기도를 받고 나서도 아픈 상태와 상황과 자신의 어려움을 말하기에 바쁘다. 많은 자들이 능력 있는 자로부터 기도 받길 원하지만 기도가 꼭 치유를 가져올 거라 생각하지 않는다는 것이 가장 큰 문제인 것이다. 치유가 된 자신의 모습을 보지 못한다. 치유기도를 받으면 자신은 치유되었다고 믿는 것이다. 자신의 치유를 자신 스스로 굳건히 붙들어야 한다. 치유기도 후 증상이 여전하면 '그럼 그렇지.'라고 생각하는 것은 사단에게 즐거움을 주는 것이다. 사단이 좋아하는 반응을 보여서는 안 된다. 치유는 그 즉시 또는 점진적으로 나타나는 경우도 있다.

예수님께서 광야에서 성령에 이끌리어 40일 금식으로 아무것도 잡수시지 못하고 주리셔서 사단이 돌로 빵이 되게 하라고 한 사건을 볼 때 사단은 지켜보고 있었다(눅 4:1~3). 그래서 예수님이 배고프다는 육체적인 감각을 이용하여 '네가 만일 하나님의 아들이어든 이 돌들에게 명하여 떡이 되게 하라(눅 4:3)'고 미혹시켰던 것이다. 치유기도 후 증상이 있을지라도 '나는 이제 건강하지. 건강이 내 것이지.'라고 생각하고 말하는 믿음으로 반응해야 한다. 특히 믿는 자들은 믿음의 말들을 해야 한다. 기도 받고 그냥 기도 받은 것으로 끝나면 안 되는 것이다. 나도 모르게 질병을 말하는 습관을 고쳐야 한다.

> '무엇을 먹을까 무엇을 마실까 무엇을 입을까 하지 말라 이는 다 이방인들이 구하는 것이라 너희 하늘 아버지께서 이 모든 것이 너희에게 있어야 할 줄을 아시느니라'(마 6:31~32)

또 경제적 어려움이 있는 분들을 만나 대화를 해보면 사회적인 경제적 어려움과 물가와 지출되어지는 많은 일들에 대해 말하느라 풍요에 대한 생각은 아예 없다. 결과적으로 부족한 자신의 월급과 경제생활로 끝난다. 부족과 결핍에 대한 생각으로 머릿속은 꽉 차 있다. 사람들과의 인간관계에서도 마찬가지이다. 사람 간의 트러블이 있다면 다른 사람의 탓을 하느라 정작 서로의 잘못된 점을 보지 못한다. 모두가 다 문제만 얘기하는 것이다. 우리는 문제를 얘기하지 않고 문제에게 예수의 이름으로 말해야 한다.

'너희는 이 세대를 본받지 말고 오직 마음을 새롭게 변화를 받아 하나님의 선하시고 기뻐하시고 온전하신 뜻이 무엇인지 분별하도록 하라'(롬 12:2)

산을 보고 바다에 던져지라 하면 가능한 일이겠는가? 우리가 직접 보는 오감으로 발달된 육체의 눈으로는 불가능한 일이다. 포크레인으로 산을 파내서 바다로 옮겨야 되는 것이다. 눈으로 보고 믿는 것은 믿음이 아니다. 나타날 것을 미리 보는 것이 믿음인 것이다. 우리는 마음을 새롭게 변화하여 우리의 사고를 말씀에 맞춰야 한다. 말씀이 내게 맞춰지는 것이 아니라 내가 말씀에 맞춰야 하는 것이다. 나를 먼저 바꾸는 것이 먼저이다.

하나님께 내 기도를 들어달라고 하는 것이 아니라 하나님이 원하시는 걸 먼저 알아야 하는 것이다. 우리에겐 늘 지혜가 필요하다. 육신의 부모는 같은 뱃속에 낳은 자식이라도 먼저 생각나는 자식이 있다. 자식 중에 부모를 먼저 생각하고 부모에게 잘하는 자식이 부모가 좋은 것을 주고 싶을 때 우선적으로 생각나지 않겠는가. 하나님은 어떠신가. 육신의 부모보다 우리를 더 아끼고 사랑하신다. 그러니 해답을 어디에서 찾아야 할까. 내게서 답을 찾아야 하고 내가 하나님의 말씀에 맞춰야 하는 것이다. 하나님의 말씀을 알면 하나님의 마음 또한 알 수 있다. 성경을 들여다보라. 하나님은 사랑이시다(요일 4:8).

'죽고 사는 것이 혀의 힘에 달렸나니 혀를 쓰기 좋아하는 자는 혀의 열매를 먹으리라'(잠 18:21)

성공하길 바라는가. 그럼 성공적인 좋은 말만 사용하라. 내 스스로 나의 삶 속에 좋은 말로 앞으로 나의 미래를 심는 것이다. 하나님께서는 하나님의 자녀들에게 약속하셨다. 무엇으로 심든지 그대로 거두리라(갈 6:7)라고 말이다. 우리가 마음으로 심든, 물질로 심든, 육체적인 노동으로 돕는 데 심든 하나님 아버지는 나의 모든 것을 아시고 보상하신다. 그래서 앞서 말한 것처럼 믿는 자들은 내가 하루 시작을 좋은 말들의 고백으로 심을 때 고백대로 그 하루를 추수할 수 있다. 생명을 선택하고 성공을 선택하여 내 고백을 바꾸지 않고 하나님을 믿는 믿음으로 전진하는 것이다. 처음엔 힘들 수 있다. 상황에 따라 나의 말들이 계속 바뀔 수 있다. 하지만 굳건히 아침에 고백했던 말들을 붙잡고 성공과 승리만 말하는 것이다. 하나님께서 나와 함께 하셔서 그 상황들 속에서도 나를 성공으로 이끌어주시고 곧 승리로 나아가게 하실 것이다.

직장 내에서 다니기 힘들고 어렵더라도 마음을 바꿔 내 직장에서 나만큼 일 잘하는 사람이 없고 모든 사람들이 나를 돕도록 호위하고 있다는 것을 믿을 때 상황은 달라질 것이다. 왜냐하면 하나님의 말씀이 밑받침되어 있기 때문이다. 하나님께서는 나에게 이미 재물 얻을 능력을 주셨고(신 8:18) 내가 모든 것을 할 수 있는 능력을 내게 주셨기 때문이다(빌 4:13).

건강도 마찬가지다. 통증을 말하지 않는다. 하나님께서 아들인 예수 그리스도를 통하여 우리는 2천 년 전에 이미 질병에 대한 속량을 받았다. 우리는 구원 받은 자이다. 구원하다의 헬라어 소조(SWVZW)는 구출하다(귀신으로부터 해방), 지키다(생명), 안전하다, 치유하다, 이익을 주다(안녕, 복지, 평화, 부요) 등 의미를 지닌다.

그러므로 우리는 구원을 누리는 자이다. 예수님이 이미 값을 지불하셨기 때문에 건강한 자로 건강만 내 입에, 말에 있어야 하는 것이다. 질병에 대한 대화를 나눌 필요가 없다. 사람들은 "나이가 들어 그런가 안 아팠으면 좋겠어요."라고 말한다. 사람들과 대화 중 건강에 대한 얘기보다 질병에 대한 얘기가 더 많고 대화 내용 중 80% 이상이 약과 질병에 대한 얘기일 것이다. 정말 나는 매일 주변에서 수도 없이 듣는다. 보통 대화를 나누고 기도를 받은 뒤에도 또 다시 염증 이야기를 한다. 아픈 이야기가 끊이지 않는다. 이러한 기도와 간구는 응답될 수 없다. 내가 받은 상속자로서의 권리와 고백을 내 스스로가 계속 바꾸고 기도의 응답을 0점으로 만들고 있기 때문이다. 기도를 무효화시키면 안 된다. 자신의 말을 잘 점검해보라. 말을 잘 사용하여야 복을 누릴 수 있다.

하나님께서 세상을 창조하실 때 빛이 있으라 하시니 빛이 있었고(창 1:3)라고 성경에 기록되어 있는 것처럼 말로 세상을 창조하셨기 때문이다. 우리는 예수를 내 삶의 주로 영접하는 순간 거듭나며 하나님의 영이 전이되어 하나님의 생명과 본성을 가지게 된다(벧후 1:4). 쉽게 말하면 하나님의 DNA 유전자를 지금 우리가 가지고 있는 것이다. 할렐루야!

'자녀들아 너희는 하나님께 속하였고 또 그들을 이기었나니 이는 너희 안에 계신 이가 세상에 있는 자보다 크심이라'(요일 4:4)

우리 안에 계신 예수 그리스도와 성령님을 통하여 우리는 늘 승리의 말 쓰기에 힘써야 한다. 예수님처럼 걷고 말하고 기도하기를 소망하라.

영혼육

'나는 영이고 혼을 가지고 있고 몸 안에 살고 있다'

앤드류 워맥 목사님은 거듭난 후 그리스도인으로 사는 남은 생애는 '새롭게 하는 것'과 '풀어놓는 것'이라고 말씀하셨다. 우리는 예수를 영접하여 주로 시인하고 우리의 죄를 대신하여 돌아가신 것과 하나님께서 죽은 자 가운데서 살리신 것을 마음에 믿고 입으로 시인하면 구원에 이른다는 말씀을 알았다(롬 10:9~10).

거듭나는 순간 변화되는 것은 영(spirit)이다. 혼의 생각들은 말씀을 통해 생각을 새롭게 할 때 변화되며 육은 혼의 생각들을 따라온다. 하나님의 자녀로서 아버지와 교통하는 것도 영이다. 진짜 당신에 해당되는 가장 깊숙한 곳의 나는 영인 것이다. 사도 바울은 영을 '속사람(고후 4:16)'으로 표현했고 베드로는 '마음에 숨은 사람(벧전 3:4)'이라고 표현했다. 창세기 2:7 말씀을 살펴보면 '여호와 하나님이 땅의 흙으로 사람을 지으시고 생기를 그 코에 불어넣으시니 사람이 생령이 되니라'라고 기록되어 있다. 흙으로 만든 사람은 영혼이 없다. 몸이라고 할 수도 없다. 왜냐하면 살아있지 않기 때문이다.

국어사전에 생령의 뜻을 찾아보면 살아있는 넋이라는 뜻으로, '생명'을 이르는 말이라고 적혀 있다. 하나님이 흙으로 사람을 만들고 생명의 숨을 코에 불어넣으셨다. '숨'에 해당되는 히브리어 '네

샤마(Neshama)'는 '영(Spirit)'으로도 표현된다. 하나님의 첫 남자 아담은 영이 없으므로 생명이 없기 때문에 살아있지 않았고 하나님이 숨을 불어넣음으로 살아나게 된다. 즉 생명은 영으로부터 나오는 것이다.

혼은 정신적이고 감정적인 부분이다. 우리가 혼을 지식, 감정, 지성, 학습된 학교 정보, 사회에서 습득된 경험 지식, 지금까지 세상에 태어나 감각으로 습득된 모든 정보 등을 일컬어 혼이라고 한다. 로봇을 떠올려보라. 전기로 움직이지만 영혼은 없다. 사람이 혼이 없다면 표현하는 데 어려움이 있었을 것이다. 영과 몸의 연결고리가 혼이다. 예를 들어 하나님을 믿는 자들 사이에서 영으로부터의 축복을 이 땅 현실인 물질세계에 나타나게 하는 것은 우리의 혼을 통과해야 하기 때문에 영의 양식인 말씀을 더 많이 알아야 한다고 말하는 이유이기도 하다. 왜냐하면 혼이 말씀으로 열린 만큼 영의 축복들을 이 땅에서 누리기 때문이다. 그래서 말씀으로 우리의 생각과 사고를 변화시키고 바꿔야 한다.

우리의 몸은 감각으로 발달되어져 있다. 아담이 에덴에서 이 땅 지구에 쫓겨나 살아남기 위해선 감각이 발달될 수밖에 없었기 때문이다. 영혼육에서 영은 완벽하게 재창조되고 혼은 날마다 말씀으로 새롭게 해야 한다. 하나님의 말씀이 중요한 것은 예수님의 말씀이기 때문이다.

'태초에 하나님이 천지를 창조하시니라 땅이 혼돈하고 공허하며 흑암이 깊음 위에 있고 하나님의 영은 수면 위에 운행하시니라'(창 1:1~2)
'태초에 말씀이 계시니라 이 말씀이 하나님과 함께 계셨으니 이 말씀은 곧 하나님이시니라 그가 태초에 하나님과 함께 계셨고 만물이 그로 말미암아 지은 바 되었으니 지은 것이 하나도 그가 없이는 된 것이 없느니라'(요 1:1~3)
'말씀이 육신이 되어 우리 가운데 거하시매'(요 1:14)

하나님은 삼위일체 성부, 성자, 성령이시다. 우리는 영혼몸으로 이루어졌고 하나님의 생명인 영으로 우리는 거듭난다. 우리가 영의 사람으로 영적으로 성장하고 성숙되어지며 영적으로 기능해야 하는 것은 하나님의 자녀이기 때문이다. 또한 우리가 천국에 갈 때 영혼이 함께 가는 것은 영혼이 결탁되어 있기 때문이다. 흙으로 만들어진 육신, 몸은 다시 흙으로 돌아간다.

하나님께서 첫 아담을 만들어 생기를 불어넣으셨던 숨 즉 영만 우리가 천국으로 인도 받는 것이다. 천국에서도 이 땅에서의 모든 기억을 갖고 있는 것은 혼 때문이다. 누가복음 16장 지옥에 간 부자와 낙원에 간 나사로가 서로를 알아보는 것을 발견할 수 있다. 혼의 기억으로 서로를 알아보는 것이다. 이 세상에 사는 모든 사람들은 하나님 아버지가 계신 천국에 가야 한다. 하나님을 모르고 지옥에 가는 것이 얼마나 안타까운 일인지 모른다.

하나님을 발견 하십시오.
그리고 하나님을 알아가십시오.
거부하시 마시고 마음에 받아들이면 하나님의 은혜가 부어집니다. 하나님의 사랑 안에 충만하십시오. 하나님의 사랑 안에선 두려움 없는 삶을 사는 좋은 인생이 됩니다. 하나님과 함께 하는 축복된 삶을 누려보지 않으시렵니까.

마치는 글

저자가 세상에 태어나 가장 잘한 일이 있다면 하나님을 마음에 받아들이고 하나님을 알아가며 사는 삶에 대한 감사입니다. 이 세상 우주 만물의 주인이신 하나님께서 나의 아버지라는 사실만으로도 삶에 대한 두려움으로부터 나는 자유합니다. 왜냐하면 하나님께서 나를 사랑하시기 때문입니다. 하나님께서 내게 주신 날수까지 하나님을 위한 행로로 전진하며 세상에 많은 큰일을 하게 될 것을 꿈꿉니다.

제게 크고 놀라운 영적 체험을 경험하게 하시고 저의 간구하는 마음을 아셔서 책을 출판할 수 있도록 인도해주신 하나님께 감사드립니다. 이 책 한 권이 하나님의 복음을 전하는 일에 아름답게 쓰임 받길 소망합니다. 또한 책을 읽는 모든 분들께 하나님의 말씀의 지혜와 계시가 열려 깨달아지는 은혜와 감동이 있으리라 기대합니다. 삶의 무거운 짐을 혼자 짊어지지 마시고 하나님을 의지하며 주께 모든 염려를 맡기십시오. 한 걸음 한 걸음 하나님께 다가가는 축복의 길로 인도 받으시는 귀한 삶. 하나님과 함께 하는 좋은 인생을 만들어가게 될 것입니다.

하나님을 신뢰하십시오.

하나님의 자녀, 하나님의 아들들로 이 땅을 다스리고 통치하는 왕 같은 제사장으로 살아가시길 바랍니다. 하나님은 나의 아버지시오 나의 친구시며 나의 사랑이십니다.

- 2019년 11월 어느 늦가을. 장진옥 올림

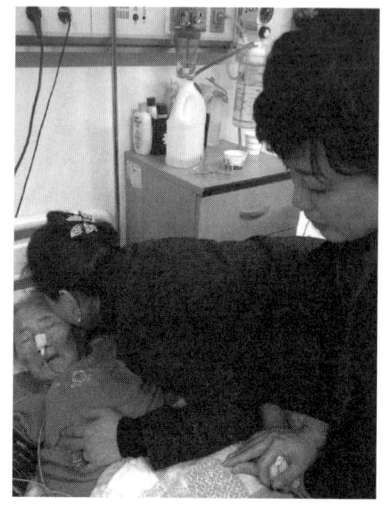 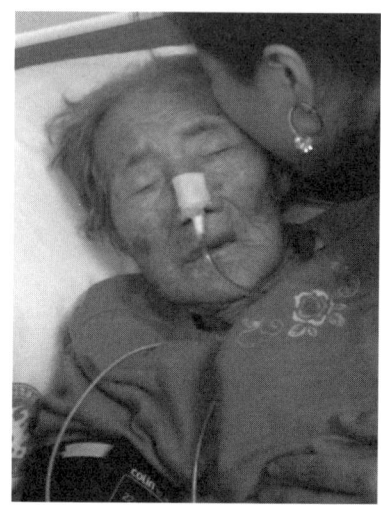

▲ 요양원에 계신 사랑하는 할머니 구원기도

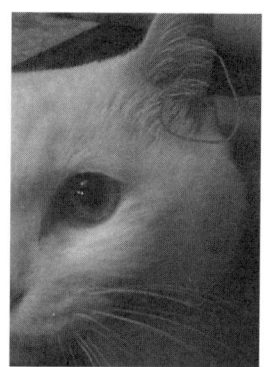 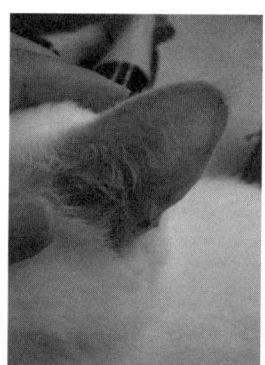 

▲ 귀에 혹 피맺혀 5일째 새까맣게 탄 것처럼 똑 떨어져 깨끗해진 상태